国别化：对韩汉语教学法（上）
——语言要素教学篇

국가별: 한국인을 위한 중국어 교육법 (상권)
——언어요소 교육편

王海峰　著

왕해봉　저

图书在版编目（CIP）数据

国别化：对韩汉语教学法（上）——语言要素教学篇/王海峰著.—北京：北京大学出版社，2011.1
（实用对外汉语教学丛书）
ISBN 978-7-301-18308-3

Ⅰ．国… Ⅱ．王… Ⅲ．汉语—对外汉语教学—教学法 Ⅳ．H195.3

中国版本图书馆 CIP 数据核字（2010）第 249251 号

书　　名：	国别化：对韩汉语教学法（上）——语言要素教学篇
著作责任者：	王海峰　著
责 任 编 辑：	焦　晗　欧慧英
标 准 书 号：	ISBN 978-7-301-18308-3/H·2723
出 版 发 行：	北京大学出版社
地　　　址：	北京市海淀区成府路 205 号　100871
网　　　址：	http：//www.pup.cn
电 子 信 箱：	jiaohan1979@126.com
电　　　话：	邮购部 62752015　发行部 62750672　出版部 62754962　编辑部 62753374
印　　刷　者：	北京飞达印刷有限责任公司
经　　销　者：	新华书店
	730 毫米×980 毫米　16 开本　12.75 印张　213 千字
	2011 年 1 月第 1 版　2011 年 1 月第 1 次印刷
定　　　价：	36.00 元（含 DVD 光盘 1 张）

未经许可，不得以任何方式复制或抄袭本书之部分或全部内容。
版权所有，侵权必究
举报电话：010-62752024　电子信箱：fd@pup.pku.edu.cn

目 录
Contents

序 ··· 1

前言 ·· 5

第一章　语音教学的技巧与方法 ·· 1
　一、汉韩语音对比 ··· 3
　二、韩国学生学习汉语语音的难点及对策 ·· 6
　三、汉语语音的教学方法与技巧 ··· 20

第二章　语法教学的技巧与方法 ·· 33
　一、汉韩语法对比 ··· 35
　二、韩国学生的语法偏误 ·· 38
　三、汉语语法教学技巧 ··· 77

第三章　词汇教学的技巧与方法 ·· 91
　一、汉韩词汇对比 ··· 93
　二、韩国学生常见的词语偏误 ··· 96
　三、汉字词与汉语词汇教学 ·· 102
　四、词汇教学的方法 ·· 109

第四章　汉字教学的技巧与方法 ·· 133
　一、汉韩文字对比 ··· 135
　二、韩国学生常见的汉字偏误 ··· 140
　三、韩国学生汉文基础与汉字教学 ··· 147
　四、汉字教学的原则与方法 ·· 156

附录　韩国教育部第七次教学课程高中汉语教学大纲 ······································ 187

序

　　第二语言教学可在目的语环境下进行，也可在母语（或第一语言）环境中进行，前一种二语教学可称之为泛国别化（泛语别化）教学，相应地，后一种二语教学可称之为国别化（语别化）教学。两种二语教学都属于目的语教学，二者之间必然存在共性，但也有差别，差别主要就学习者的母语背景而言。在目的语环境中，学习者的母语背景一般呈现多样化的特点，因此，二语教学很难直接体现针对性原则，而在母语（或族际共同语）环境中，学习者的母语背景相对单一，必然要求体现针对性原则。长期以来，对外汉语教学主要是在汉语环境下进行的。随着汉语走向世界，作为第二语言的汉语教学也开始把目光逐步转向语别化教学。事实上，加强语别化教学既是对外汉语教学事业发展的必然趋势，也是对外汉语教学界的一种共识。

　　第二语言通常是在母语"内在大纲"的基础上获得的，因此，"针对性"一般就学习者的母语背景而言，但如何才能科学地体现"针对性"原则，却是一个十分复杂的问题。不过有一点是明确的，从教学的角度而言，"针对性"主要指教学方法，因为第二语言教学通常是教师运用具体的教学方法来实施的。需要指出的是，由于种种原因，即使是母语环境中的汉语教学，也鲜有比较成熟的突显针对性原则的教学法专著。王海峰博士的《国别化：对韩汉语教学法》正好填补了这一空白。

　　第二语言学习者在学习过程中，总是自觉或不自觉地拿自己的母语和目的语进行比较，因此，体现共性和差异无疑是"针对性"原则的首要任务。这一点，说起来容易，做起来难，这主要指如何把握尺度，同时又能体现应用性。王海峰博士的专著用画龙点睛之笔对韩汉语音、词汇、语法等语言要素的共性和差别加以概括和说明，起到了提纲挈领的作用，这是本书的一大特点。

　　第二语言习得过程始终贯穿着偏误。偏误产生的原因十分复杂，概而言之，主要是语际干扰和母语干扰所致。但哪些是语际干扰所致的偏误，哪些是母语干扰所致的偏误，需要认真分析，区别对待，这不仅关系到教学难点和重点的确定，而且也关系到具体采取什么样的教学对策和方法。专著在要素教学部分，根据常见偏误，确定教学重点和难点，并提出了具体的对策和技巧。如声调、特殊句式、汉字词、词语搭配等部分处理得都十分到位。又如作者指出，韩国学生书面表达中存在直率直露、显彰开放等倾向，而这种倾向显然是母语影响所致，这个问题很少有人提及。《国别化：对韩汉语教学法》的整体思路和架构对面向其他语言背景的汉语教学同样具有很高的参考价值。

技能教学似乎无所谓"针对性"可言，其实，有些问题直接影响教学效果。如韩国学生"开口度"低一直是痼疾，作者敏锐地指出，这既跟教育因素有关，又跟文化因素有关。如应试教育、重视阅读、忽视交际的传统、师道尊严、扎堆习惯等多种因素直接影响口语表达能力的提高。又如阅读中过度采取语素推断策略和利用母语的策略，直接影响阅读能力的提高。这些问题看似无关大局，有时对教学效果的负面影响不亚于其他因素的影响。对韩汉语教学界虽然注意到这些问题，但是一直没有引起足够的重视，也没有得到很好的解决。

教师的课堂语言，在第二语言教学中具有很特殊的地位。教师的课堂教学语言既是重要的课堂组织手段，也是学生学习目的语口语的重要途径之一。这一点对母语环境中的教师而言，尤为重要。他们通常扮演双重角色，既是传授者，同时又是"学习者"，既要做到规范，又要灵活多样，难度着实不小，绝非小事。作者根据韩国汉语教师的特点，提出了课堂教学语言的类型及具体的使用范例，具有很高的使用价值。

有些人以"教无定法"来否定教学方法的重要性，其实，教学从来是"有法可依"的，这个"法"并非经验的堆积，而是基于学习规律的科学总结。第二语言习得过程也许是一个最神奇的现象，第二语言教学是一种特殊的教学，教学方法显得尤为重要，无论是教过外语的人，还是学过外语的人可能都有这种感受。

其实，加强语别化教学并不是现在才提出来的，王力先生、吕叔湘先生、朱德熙先生等前辈学者在不同的场合，一再强调二语教学必须加强针对性。陆俭明先生多次强调"对外汉语教学的总的指导思想是，怎么让一个从未学过汉语的外国留学生在最短的时间内最快最好地学习、掌握好汉语"。要做到这"三最"，加强语别化教学无疑是一条有效的途径，王海峰博士进行了一次非常好的尝试。当然，语别化教学和泛语别化教学之间也存在共同的规律，两种教学需要取长补短，互动互补。

  本人主要从事语言对比，没有系统地讲授过相关课程，也没有编过教材，对教学法没有多少发言权。但有一点可以肯定，王海峰博士的这部专著以它鲜明的特色一定会受到对韩汉语教学界乃至于其他面向特定母语背景者的汉语教学界的欢迎。是为序。

崔 健

2010 年 7 月 10 日

前　言

改革开放以来，随着中国在世界上的影响力不断增强，一些国家的"汉语热"持续升温，来华学习汉语的各国留学生人数逐年递增。相比来讲，韩国学生来华学习汉语人数增幅最为迅猛。2009年上半年，在华的韩国正式留学生人数达到5.4万，中国许多对外汉语教学机构中，韩国留学生占绝大多数，韩国已成为在华外国留学生最多的国家。

面对数量巨大、要求不断提高的韩国汉语学习者，如何教好韩国学生，提升汉语教师对韩汉语教学的水平，已成为中国汉语教学界的当务之急。目前汉语教学界汉语教师数量不能满足现实需要，已有的汉语教师在对韩汉语教育方面水平也参差不齐，因此培训汉语教师尤其是培训掌握对韩汉语教学方法的教师的工作迫在眉睫。

就韩国国内情况来讲，韩国现已成为名副其实的汉语教学大国。韩国是我国开设孔子学院最多的国家之一，目前已多达17家（此外，还有一家孔子课堂）。全国一百多所大学全部开设了汉语课程，在有些大学，中文专业的学生数量已经超过了英语专业的学生数量。值得重视的是，汉语学习在韩国正呈现低龄化趋势，现在，中小学开设的汉语班有2000余个，学生达六七万名。此外韩国的汉语补习班数不胜数，吸引了大量的韩国学习者。介绍中国情况的网站、中文网上聊天室、中文网上咖啡屋也比比皆是。

汉语水平考试也得到韩国各界的广泛认可。目前在韩国，很多汉语学习者都愿意以公认的语言测试来检验自己的语言能力，从而得到社会的承认；很多公司、企业也将HSK、BCT等考试成绩作为衡量学习者汉语水平的标准。如今，韩国每年举行十几次各类汉语水平考试，考生超过5万人，在世界上几乎是最多的[1]。

持续升温的汉语热在韩国给汉语教学造成了一种特殊的"压力"。过去很长

---

[1]《国外汉语教学动态》2004年第2期。

一段时间以来，韩国的汉语教学偏重于"教"，而忽视"学"，只注重知识传授，轻视技能培养。① 教学方法往往采用传统的语法翻译法，不太重视学生的交际训练。在这种传统教学模式的影响下，韩国学生的汉语水平提高很不均衡。

首尔大学孔子学院院长李充阳在接受新华社记者采访时感慨地说，随着学生的汉语水平大幅度提高，"在韩国教中文的老师感到教课越来越难了"。因此了解韩国学生的汉语习得规律，掌握针对韩国学生汉语教学的方法成为许多在韩汉语教师的迫切需求。

近年来，随着对外汉语教育事业的深入发展，对外汉语的国别化研究已经蔚然成风，并成为一种卓有成效的研究思路和研究方法。当前中韩各出版社出版了很多有关汉语教学法一类的书籍，但就作者掌握的资料来看，专门针对韩国学生汉语教学的著作还较为鲜见，这无疑忽视了对韩汉语教学这一巨大需求。

笔者曾多次在韩国仁荷大学、庆熙大学、梨花女子大学等知名韩国高校任教，教授汉语、培养国际汉语教育专业研究生和培训汉语教师，积累了一定的汉语教学和汉语教师培训经验和体会。

本书是在对韩汉语实践课堂讲义、汉语教学法讲义、汉韩语法对比讲义的基础上反复整理修改而成，其中绝大部分内容在梨花女子大学研究生及对韩汉语教师培训的课堂上多次讲授和讨论过，成书时吸收了韩国教师和学生的宝贵意见。叶恩贤、林恩爱、郭祎、吴三叶、李喜珍等研究生帮助翻译和校对了部分韩语语句，北京大学对外汉语教育学院韩国语专业博士姚骏老师、研究生秦曦同学分别对韩文例句和全书进行了认真校阅，汉韩对比专家北京语言大学崔健教授欣然作序，北京大学出版社沈浦娜老师、欧慧英老师、焦晗老师为本书的出版付出了大量心血，谨致谢忱！

本书充分考察了中韩汉语教师对韩汉语教学的难点和所存在的问题，研究了韩国学生的习得特点，通过汉韩语言对比探讨了对韩汉语教学规律，根据实际情况提出了一系列切实可行的教学方法。这些方法经过多次实践，简便、实用、有效，对提高中韩汉语教师教学水平有一定的帮助。

由于本人学识局限，书中错谬及挂漏之处在所难免，恳请各位读者专家批评指正。

---

① 姜美子《韩国"汉语热"成因分析》，《人民论坛学术前沿》2009年总第260期。

第一章
语音教学的技巧与方法

  语音是语言的物质外壳,语音与交际直接相关,发音准确而标准才能保证会话交际的顺利进行。"语音是关系全局的","语音不对,语法就不对,词汇就不对,因为语法和词汇都是通过语音表现出来的。"(盛炎,1990)语音教学是语言教学的第一步和关键的一步,过去传统的哑巴式外语学习方法已经逐渐被时代摈弃。

  韩国学生学习汉语语音存在着许多困难,如何提高韩国学生汉语语音的准确程度和流利程度,已经成为对韩汉语教学工作者关注的课题。

1장
중국어 음성 교육의 기교와 방법

음성, 즉 말소리는 언어의 물질적인 외형이고, 말소리는 의사 소통과 직접적으로 관련되어 있다. 그러므로 발음이 정확하고 표준적이어야만 의사 소통이 순조롭게 이루어질 수 있다. "음성(말소리)는 모든 것과 관련되어 있다", "문법과 어휘는 모두 소리를 통해서 표현되기 때문에 발음이 틀리면 문법도 틀리고 어휘도 틀리게 된다." 음성 교육은 언어교육의 첫걸음이자 가장 중요한 한 걸음이다. 이전의 전통적인 벙어리식 외국어 학습법은 이미 시대에 걸맞지 않는 방법이다. 한국 학생이 중국어 발음을 배울 때 많은 어려움을 느끼기 때문에 한국 학생이 어떻게 중국어 말소리의 정확도와 유창성을 향상시킬 수 있느냐는 이미 한국인을 위한 중국어 교육 종사자의 관심사가 되었다.

一、汉韩语音对比

汉语属于汉藏语系，韩语属于乌拉尔——阿尔泰语系，汉语和韩语分属不同的语系，表现在语音上，就是在音节构成、音素形态及其发音特征上存在着诸多差异。

（一）汉韩语音音节对比

汉语和韩语都属于音节型感知的语言，（申东月，2010）一个汉字基本上是一个音节，一个韩字（한글）也基本对应一个音节。

汉语的音节由声韵调构成，一个音节中辅音和元音互相间隔，音节之上赋以声调。汉语一个音节最多有四个音素，最少只有一个音素。声母一律由辅音充当，除 ng 外，其余的辅音均可充当声母。元音在音节中占优势，除极个别的外，每个音节都有元音，一个音节中的元音可以多至三个并且连续排列，分别充当韵头、韵腹和韵尾。有的音节没有辅音，有辅音的音节辅音最多不超过两个，并且只能出现在音节的开头或结尾，没有两个辅音相连(复辅音)的情况。每个音节可以没有声母、韵头和韵尾，但必须都有韵腹和声调。

韩语与汉语在音节上有相似之处，即韩语是由子音（辅音）+ 母音（元音）(+子音）组成，子音都由单辅音充当，相当于汉语的声母，母音的构成与汉语韵母的构成相似。汉语的声韵相拼对韩国学生来说，比较习惯。

不过韩语没有区别意义作用的声调，所以一般来说，韩国学习者在声调的掌握上存在着困难。因此，声调的操练是对韩汉语语音教学的重心之一。

（二）汉韩声母对比

汉语普通话有 21 个声母，韩语有 19 个声母（也叫子音）。汉语声母按发音部位可分为双唇音、唇齿音、舌尖音、舌面音、舌根音等，按发音方法可分为塞音、塞擦音、鼻音、边音、擦音等。

韩语子音（声母）按发音部位可分为破裂音和破擦音（分别包括松音、紧音、送气音）、擦音（包括松音、紧音）、鼻音、闪音；按发音方法可分为双唇音、舌尖音（上齿龈）、舌面音（硬腭）、舌根音（软腭）、喉音。

请看下表：

表1　汉语辅音发音特征

方法 \ 部位		双唇音	唇齿音	舌尖音	舌面音	舌根音	卷舌音
塞音	不送气	b		d		g	
	送气	p		t		k	
塞擦音	不送气			z	j		zh
	送气			c	q		ch
擦音			f	s	x	h	sh
鼻音		m		n		ng	
边音				l			r

表2　韩语辅音发音特征

方法 \ 部位		双唇音	舌尖音	舌面音	舌根音	喉音
塞音	松音	ㅂ	ㄷ		ㄱ	
	紧音	ㅃ	ㄸ		ㄲ	
	送气音	ㅍ	ㅌ		ㅋ	
塞擦音	松音			ㅈ		
	紧音			ㅉ		
	送气音			ㅊ		
擦音	松音		ㅅ			ㅎ
	紧音		ㅆ			
鼻音		ㅁ	ㄴ		ㅇ	
闪音			ㄹ			

可见汉韩语之间声母系统的发音特征有一定的差异。韩国学生学习汉语声母在发音部位方面的偏误主要是唇齿音与双唇音相混，舌尖前音与舌尖后音相混等；在发音方法上的偏误主要是清音浊化，送气音送气不足等。对此，教学时要注意训练学生对发音部位和发音方法的掌握和运用，加强对比练习。

（三）汉韩韵母对比

汉语韵母有单韵母、复韵母（包括双韵母、三韵母）、鼻韵母，韩语中没有三韵母。韩语里的单元音都是舌面元音，而汉语中有 7 个舌面元音，此外还有 3 个舌尖元音，其中 er 是卷舌音。

汉语复韵母可分为韵头、韵腹、韵尾（双韵母中有的是韵头+韵腹，有的是韵腹+韵尾），元音组合有主次之分，其中韵腹为主要元音，发音时要饱满到位；韩语的元音组合没有主次之分，发音时"只需大致显示出元音组合的走势即可"（申东月，2010）。

韩国学生学习汉语韵母在单韵母方面的问题是嘴唇圆展的控制不当，以及把单韵母复韵母化；在复韵母方面的问题是对滑动过程把握不准，有的把复韵母单韵母化，有的把一个复韵母发成了两个音节，还有对复韵母中的介音处理不当，有的发音时丢了介音，有的发音时加上了介音，有的发音时换了介音等。

（四）汉韩发音特征对比

韩语为拼音文字，音形同体，知其形就能读出其音，音、形可以同时跟它的意义结合起来。汉语字音与字形分离，汉语拼音方案类似音标，只有注音作用，因而学习拼音方案只是准确读出字音的一种辅助手段。由于汉字音、形分离，学习者学习一个字（词），要分"音—义相连"、"形—义相连"、"音—形相连"三步走。对此，教学时要充分利用听觉和视觉，将字（词）的音和形跟外界实物或头脑中的已有概念挂起钩来，反复操练，反复刺激。

二、韩国学生学习汉语语音的难点及对策

马燕华（2006）认为，应在对外汉语语音教学中区分语音难点与语音重点，然后有针对性地教授并加以练习，这样才能提高教学效率。韩国学生学习汉语语音既有语际干扰，即来自母语的影响，也有语内干扰，即来自汉语本身内部因素的影响。但总的来说，语际干扰更强烈。本节力图通过对汉语语音特点和韩国学生母语干扰作用的分析，从语音原理上对韩国学生学习汉语语音普遍存在的共同难点，做一些初步的说明，并在充分参考吸收前贤研究的基础上，就如何处理这些问题，谈一些看法和做法。

（一）声母的难点及解决方法

汉语普通话有22个辅音，其中后鼻辅音 ng 一般出现在韵母后不作声母，除去它，还剩21个辅音。这21个辅音，也就是21个声母。

韩语只有19个子音（声母），其中有12个与汉语中的声母发音近似，分别是：

ㄱ—g　　ㅋ—k　　ㄷ—d　　ㅌ—t　　ㅁ—m　　ㄴ—n
ㅂ—b　　ㅍ—p　　ㅈ—z　　ㅊ—c　　ㅅ—s　　ㅎ—h

一般来说，汉语教师只要指出它们之间细微的区别，学生都能相对容易地掌握。比如 b 发音时，要比 ㅂ 力度稍大一些；ㅎ 是喉音，而 h 是舌根清擦音，二者发音特征有一些区别，如下表：

表3　汉语辅音 h 与韩语辅音 ㅎ 发音特征比较

声母	发音部位	发音方法
h [x]	舌根清擦音	舌根接近软腭，留出窄缝，软腭上升，堵塞鼻腔通路，声带不颤动，气流从舌根和软腭形成的窄缝中挤出，摩擦成声。
ㅎ [h]	喉音	发音时，发音部位比汉语 h [x] 更后，气流从声门中挤出，使声带摩擦而成音。

汉语普通话中7个辅音（声母）是韩国语中没有的，即：

唇齿音：f [f]

舌面音：j [tɕ]、q [tɕʻ]、x [ɕ]

舌尖后音：zh [tʂ]、ch [tʂʻ]、sh [ʂ]

还有与韩语中"ㄹ"的发音相似却又不完全相同的 r [ʐ]、l [l]，对韩国学生来说，学起来比较困难。

下面将这些问题分别讨论一下。

1. 唇齿音 f [f] 的教学方法

韩语中没有轻唇音 f [f]，只有重唇音 ㅂ [p] 和 ㅍ [pʻ]，所以有些韩国学生在学习声母 f [f] 时，发不出唇齿音，而发成双唇音 [p] 或者 [pʻ]，常把"风景"（fēngjǐng）说成"pēngjǐng"，"吃饭"（chīfàn）说成"chīpàn"，"方法"（fāngfǎ）说成"pāngpǎ"。有时韩国学生学了 f [f] 之后，又会与 b [p]、p [pʻ] 相混，比如说，将"本子"（běnzi）说成"fěnzi"，将"朋友"（péngyou）说成"féngyou"。

韩国学生将 f、b、p 混淆使用，主要受韩语语音特点影响。韩语语音和汉语古音有比较密切的关系，汉语"古无轻唇音"，直到《切韵》时，重唇音（双唇音）还没有分化出轻唇音，轻重唇音可以互切，如"便，房连切"。1444—1446 年韩国李朝世宗大王创制的《训民正音》中就没有唇齿音 [f]，只有双唇音 [p]、[pʻ]、[b] 等。韩国自古使用汉字，后又取汉字的音训来标记语言。直到现在，韩语仍然保持了"古无轻唇音"的传统，因此韩国学生受母语语音机制影响常常不能区分 f [f]、b [p]、p [pʻ]。

要让韩国学生正确发出轻唇音 f [f]，关键是让学生能够区分发音部位，f [f] 是唇齿音，而 b [p]、p [pʻ] 是双唇音。f [f] 的发音参考方法如下：

（1）教读时，教师可以放慢发音过程，夸张发音动作，增大音量，让学生模仿体会。

（2）让学生有意识地用上齿咬住下唇，然后唇齿慢慢摩擦分离，发出 f [f] 音。在练习时，要提醒学生上齿不要使劲咬住下唇不放，而是要上齿轻轻"碰"到下唇上部或内侧，让气流从唇齿间摩擦出来。

（3）采用"上唇提拉法"（宋春阳，1998），即让学生用笔杆子将上唇抬起或用右手拇指食指夹起上唇，使上唇不与下唇接触，再让上齿轻咬下唇，气流摩擦发音，这个方法比较简单，容易操作。（见本书所附光盘演示）

相信通过这三种方法，学生就会掌握 f [f] 的正确发音。

有的时候，韩国学生单个朗读时可以区分 f、b、p，但一旦放到语流中，他们往往又会"复原"，所以教学时不仅要加强单音的练习，还要在词语、句子中练习，让学生产生语感。如 b、p 与 f 交替训练：

【词语】

奔波　表白　标兵　百倍　北部　宝贝（声母是 b）
乒乓　品牌　爬坡　琵琶　偏僻　澎湃　匹配（声母是 p）
芬芳　仿佛　非法　夫妇　房费　反复　丰富（声母是 f）
皮肤　平凡　病房　分别　发表　佩服　飞跑　部分　拌饭　分配　废品　扶贫　发票（b、p、f 交替）

【句子】

教师可以让学生朗读句子，在语流中体会唇齿音的发音语感，如：

旁边的房间住着一对平凡的夫妇。

【练口令】

也可以利用绕口令来锻炼学生发音部位的灵活性。例如：

粉红墙上画凤凰，凤凰画在粉红墙。红凤凰、粉凤凰、红粉凤凰、花凤凰。

2. 舌面音 j [tɕ]、q [tɕʻ]、x [ɕ] 的教学方法

韩国学生学习 j、q、x 的发音是一个难点。由于韩语中只有舌尖塞擦音 ㅈ [ts]、ㅊ [tsʻ] 及舌尖擦音 ㅅ [s]，没有与汉语的舌面塞擦音 j、q 及舌面擦音 x 相同的辅音。因此，韩国学生不能自如地发出这几个音。

此外，韩国学生练习 ji、qi、xi 时，还受到韩语的 ㅣ[i] 的影响。韩语的 ㅣ[i] 比汉语的元音 i 舌位偏后，舌尖不紧贴下齿背，带有明显的央元音音色。因此，韩国学生在发汉语音节 ji、qi、xi 的时候，出现明显的舌叶音音色，舌位偏后，舌尖不能与下齿背相抵，所以在教学时要对症下药，引导学生找到正确的发音部位。

（1）图示法。先向学生展示说明放大的舌位图（右图），然后用夸张法放慢发音过程。发 j 时舌面前部抬起贴紧硬腭前端，然后再将舌面稍稍离开，与硬腭形成一条狭缝，让气流从狭缝里挤出来，声带不颤动。

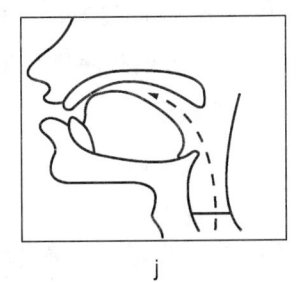
j

（2）手势演示法。让下手背代表舌面，上手掌代表硬腭，把下手指半蜷起贴着上手掌的掌心，下手关节部位向下移开上手心表示气流通过。

（3）顺联法。通过 i 去发 j。方法是，先让学生发准汉语的 i 音。发好 i 的时候，告诉学生舌尖保持不动，舌面抬起让气流通过，就能顺利地发出 j 的音。q 和 j 发音部位完全相同，只是送气音与不送气音之别。这样由于发音部位相同，而且擦音较塞擦音简单，所以掌握了 j、q 后再学习 x 就好学了（陶婵，2009）。图示如下：

$$i \to j \to q \to x$$

（4）发音练习

【词语】

季节	拒绝	经济	焦急	解决	进军	金橘	艰巨	将军	健将	结晶
取钱	请求	欠缺	亲切	七巧	亲戚	巧取	前驱	确切	轻巧	齐全
新鲜	相信	详细	虚心	喜讯	习性	纤细	先行	现象	鲜血	歇息

【绕口令】

七加一，再减一，加完减完等于几？七加一，再减一，加完减完还是七。

3. 舌尖后音 zh [tʂ]、ch [tʂ']、sh [ʂ] 的教学方法[①]

（1）横向法

韩语中只有与汉语舌尖前音 z、c、s 近似的 ㅈ [ts]、ㅊ [ts']、ㅅ [s]，没有舌尖后音 zh、ch、sh。汉语的 z、c、s 和 zh、ch、sh 发音方法完全相同，只是前者的发音部位是舌尖前而后者是舌尖后。所以教师可以先教授韩国学

---

① 参见（陶婵，2009）。

生 z、c、s 的发音,一般来说,ㅅ [s] 对韩国学生来说,比较容易,可以按照 s→z→c 的顺序进行练习①。在掌握舌尖前音以后就可以比较容易地导入舌尖后音的教学了。

(2) 纵向法

即按照 s—sh、z—zh、c—ch 的顺序学习,在完成舌尖前音的发音后,舌尖停留在上齿背,再慢慢后移至硬腭前部就可以发出舌尖后音了。

(3) 演示法

演示发音部位与过程比较直观,要领是,五指并拢、两手手心相对,上面的手指稍弯曲代表口腔上腭,手指的前、中、后部分别表示上齿、齿背、硬腭、软腭,下面的手表示舌头,用指尖向上或伸直的动作表示舌头的动作。下面的手指从前往后,碰到不同的部位,表示不同的音。同时夸张地张大嘴将舌尖上翘,靠近硬腭前部示范发音,然后带领学生模仿。注意提醒学生翘起的舌尖要保持不动,以免发成舌尖前音。

(4) 强制法

就是让学生将食指伸进口中,用食指顶住舌尖背面,然后用牙轻轻咬住食指的第一个关节处,强制学生舌头前部翘起,抵住硬腭前部,练习发出舌尖后音。

(5) 区别法

除了引导学生找准发音部位,正确发出 zh、ch、sh 的同时,还要说明其与 z、c、s 的最大区别,就是舌头与上腭接触位置的前后:发 z、c、s 时舌尖靠前抵住或接近上齿背,舌头平伸;而 zh、ch、sh 是舌尖上翘抵住或接近硬腭前端,部位靠后。

(6) 发音练习

讲清发音原理后,可辅以发音练习,如:

【词语】

  自制 组织 杂志 制造 追踪 财产 错处 操场 炒菜 吃醋
  私事 死水 杀手

---

① 韩国语的"ㅅ"音和汉语拼音里的"s"音相近,但从形成缝隙上和发音方法上看,两者有区别。"ㅅ"在韩语中,属"擦音,松音",发音时,上下牙齿靠近造成缝隙,舌尖不要贴到硬腭,舌身放平,气流在舌面流出的同时把舌身往前送,以便使气流通过牙缝挤出。"ㅅ"是经过牙齿摩擦而出的舌尖擦音。发汉语拼音"s"音时,舌面和硬腭之间造成的缝隙比发"ㅅ"音时的缝隙要窄,发音部位比发"ㅅ"音时紧张。发"ㅅ"音时,也不要像发汉语"c"音那样舌尖贴住上齿龈。

【绕口令】

① 四是四，十是十，十四是十四，四十是四十，谁能说准四十、十四、四十四，谁来试一试。

② 老师撕试纸，试纸变紫纸。

4. 舌尖后浊擦音 r [ʐ] 的教学方法

舌尖后浊擦音 r 也是韩国学生发音的一个难点。韩语中的ㄹ [l] 的发音和汉语 l [l]、r [ʐ] 都有相似之处，韩国学生常把"软弱"（ruǎnruò）读成"luǎnluò"，"如果"（rúguǒ）读成"lúguǒ"，"容易"（róngyi）读成"lóngyi"。但韩语中的ㄹ [l] 的发音和汉语 l [l]、r [ʐ] 发音有所区别，请看下表：

表 4　汉语辅音 l、r 与韩语辅音ㄹ发音特征对比

辅音	发音部位	发 音 方 法
l [l]	舌尖中音	由舌尖抵住上齿龈，气流从舌头两边的缝隙中通过，然后舌尖离开上齿龈。
r [ʐ]	舌尖后音	舌尖上翘，抵住或接近前硬腭，留出一条窄缝，和 sh 的发音部位相同，但是送气时要振动声带。
ㄹ [l]	舌尖前闪音	发音时，先使舌尖和上齿龈接近，然后使气流通过口腔，这时舌尖轻轻振弹一下而发声。

汉语 zh、ch、sh、r 同为舌尖后音，sh、r 同为擦音，可以用顺联法由 sh 到 r。让学生把 sh [ʂ] 发准后保持发音部位不变，拖长音程，使声带颤动，就能发出 r [ʐ] 音了。

我们可以将上述 z、c、s、zh、ch、sh、r 结合起来教学，构成一个系列，其路线图如下：

[ㅅ] → s → z → c
　　　　↓　　↓　　↓
　　　　sh → zh → ch
　　　　↓
　　　　r

这样，通过韩语中和汉语相同或相近的发音部位和方法自然引入的方式，再辅以练习（见l[1]的发音教学），可以提高学习速度，减轻学生的学习难度。

5. 边音l[1]的教学方法

汉语中l[1]的发音也是一个难点。由于韩语中没有边音，韩国学生学习l[1]时，会很自然地用母语中音ㄹ[1]的发音特征作为参照。

（1）过渡法

要让韩国学生摆脱母语的干扰，彻底消除韩语ㄹ对汉语l的影响，绕过母语ㄹ，将l作为一个全新的音来教。教师可以帮学生确立一个新的发音参照标准，比如，韩国人中李姓是一个大姓，"李"的英语拼写为"Lee"。韩国学生一般都会英语，我们可以以此作为桥梁，由Lee过渡到汉语的li，因为这两个l发音基本一致。

具体操作程序是，让学生先发英语的Lee，再发汉语的l，这样学生就有了一个发音参照，使他们在无形中就摆脱了母语中闪音ㄹ的干扰。（陶婵，2009）步骤是：

Lee → li → l

（2）顺联法

也可以用d[t]带出l[1]，汉语d[t]的发音部位和l一样，都是舌尖中，而且韩语里ㄷ[t]的发音部位与发音方法和汉语d[t]相同。教师可以让学生先发d，接着让他们保持成阻的舌位，让气流从舌头两边出来，发汉语的l。注意练习时，让学生的舌位前移，提醒学生舌尖不能动。一开始练习时，可以让持阻的时间长一些，使学生体会并掌握汉语l的发音特点（陶婵，2009）。

以上这两种方法都可以使学生摆脱母语的干扰，发好l这个音。

（3）发音练习

结合上节r[z]的教学，辅以练习：

【单音节练习】

日（r）——力（l）　　然（r）——兰（l）　　肉（r）——漏（l）

乳（r）——鲁（l）　　润（r）——论（l）　　入（r）——路（l）

【词语】

  利润——立论 天然——天蓝 荣华——龙华 入口——路口
  出入——出路 容颜——龙颜 热了——乐了 果然——果篮
  湿润——诗论 弱势——落市 日子——栗子 生日——生力
  日落——利落 日益——利益 日场——立场

【绕口令】

① 有个懒汉本姓阮，提个篮子卖鸡卵，"卖卵""卖卵"使劲喊，谁都不来买鸡卵，不是鸡卵品种乱，而是鸡卵皮太软。

② 玲珑塔，塔玲珑，玲珑宝塔有两层。

（二）韵母的难点及解决方法

韩语的母音较多，加起来多达 21 个。韩语里的单元音都是舌面元音，汉语中有 7 个舌面元音，还有 3 个舌尖元音，其中 er 是卷舌元音。对于卷舌元音 er 可以通过训练掌握，两个舌尖元音 $-i_1$、$-i_2$ 可以在练习 z、c、s、zh、ch、sh 的同时提醒学生注意。其他的单元音中，韩语的 8 个舌面元音基本包容了汉语中除 ü 外的其余 6 个舌面元音，发音部位基本相同，因而问题不大（陶婵，2009）。

1. 单韵母 ü [y] 的发音问题及解决方法

韩国人学习 ü [y] 问题较大，他们常常把 ü [y] 发成 [u] 或者 [ui]，这主要是因为韩语里没有 ü [y] 这个音，只有一个和 [y] 相近，但不完全相同的ㅟ。

（1）顺联法

ü [y] 是前高圆唇单元音，它跟前高不圆唇的元音 i [i] 的发音部位一样，所以可在发好 i [i] 的基础上过渡到 ü [y]。方法是先发 i [i]，然后双唇收圆成为一个小孔儿，振动声带，ü [y] 就发出来了。为了防止韩国学生把 ü [y] 发成双唇有摩擦的半元音 [w] 加 [i] 的 [wi]，要告诉学生发 ü [y] 音时上下唇不能接触，即嘴唇不能动。为了使学生充分体会 ü [y] 的发音要领，我们可把发音部位准备和振动声带分解成两个动作，在发完 ü [y] 的整个音程后圆唇口型仍保持不变，并让学生模仿，练习可由 i [i] 到 ü [y] 再由 ü [y] 到 i [i] 的练习结合起来，使学生体会并掌握。(宋春阳，1998；陶婵，2009) 具体的步骤如下：

$$i \rightarrow ü \rightarrow i \rightarrow ü$$

(2) 发音练习

【词语】

雨具　吕剧　区域　豫剧　序曲　女婿　旅居　须臾　曲剧　栩栩

絮语　聚居　居于　渔具　语序　玉宇　寓居　玉女　屈居

【绕口令】

山前有个严圆眼，山后有个严眼圆，二人山前来比眼，不知是严圆眼的眼圆，还是严眼圆比严圆眼的眼圆？

2. 单韵母 e [ɤ] 的发音问题及解决方法

韩国语的元音中没有一个能恰当地与汉语拼音中的 e [ɤ] 发音吻合的，因此韩国学生 e [ɤ] 的发音偏误率较高，有的时候，学生发成与 e [ɤ] 近似的韩语元音ㅡ [ɯ]，有的时候发成与 e [ɤ] 近似的韩语元音ㅓ [ə]。

(1) 滑动法

汉语 e [ɤ] 的发音既不是韩语的ㅡ也不是ㅓ，而是从ㅡ连续滑到ㅓ的动态发音。抓住这一特点，教师可以教给学生先发熟悉的母语中的ㅡ [ɯ] 音定位，接着让学生由ㅡ [ɯ] 音连续滑向ㅓ [ə] 音。示意如下：

$$ㅡ [ɯ] \xrightarrow{e [ɤ]} ㅓ [ə]$$

练习时，一定要让学生知道，e [ɤ] 的发音是通过下颚的移动完成的，而不是韩语中某一个ㅓ或ㅡ的静态发音。汉语拼音 e [ɤ] 看起来是个单韵母，其实它的发音具有一定的动态性。

(2) 顺联法

我们也可以用 o [o] 来引导学生学会 e [ɤ]，因为与 e [ɤ] 对应的圆唇元音是 o [o]。在教 e [ɤ] 之前，先发 o [o]，舌位保持不变，然后将双唇向两边展开，就可发出 e [ɤ] 了。示意如下：

$$o [o] 舌位不变 \longrightarrow 双唇展开\ e [ɤ]$$

(3) 发音练习

【词语】

哥哥　可乐　这么　折射　舍得　菏泽　折合　特设　热河
客车　合格　车辙　隔热　割舍　特色　色泽　苛刻　歌德

【绕口令】

坡上立着一只鹅，坡下就是一条河。宽宽的河，肥肥的鹅，鹅要过河，河要渡鹅。不知是鹅过河，还是河渡鹅？

3. 复韵母、鼻韵母的发音

复合韵母是指两个甚至三个元音结合在一块儿构成的动态的韵母；鼻韵母是由一个或两个元音跟鼻辅音韵尾结合构成的韵母。它们的发音特点是由前一个音滑向后一个音，中间有过渡音，滑动要慢而不断。发音有主次之分，其中主要元音要响亮，口型要有变化。

韩语中有复合元音，但跟汉语相比，构成方式单纯，也没有三合元音。韩国学生在学习复韵母 uo，ou，ui，iu 和鼻韵母 un，ün 时，常会发生发音不连贯或者漏读音的错误。

(1) 动态发音问题

教师应告诉学生复韵母、鼻韵母的特点，它不是念了一个音再去念一个音，而是从一个音滑向另一个音。教师要注意示范，可以用比较夸张的方法让学生明白口型的变化，例如 uo［uo］的开口度是由小到大，ou［ou］的开口度是从大到小。

(2) 漏读问题

由于一些汉语拼音如 -ui、-iu、-un、-ün 是 uei、iou、uen、üen 拼入音节时的简写，省略了韵腹，韩国学生没有了解汉语复韵母、鼻韵母的拼写及拼读的这些特点，在学习 "ui" 和 "un" 这两个韵母的发音时，时常借助于韩国语中类似的静态的发音字母来标记。他们常常把汉语拼音的 "ui" 用韩语字母标记为 "ㅟ"，因为 "ㅟ" 是 "ㅜ"（u）与 "ㅣ"（i）的合成韵母；而把汉语拼音的 "wei" 用韩语字母另外标记为 "ㅞ"，因为 "ㅞ" 是 "ㅜ"（u）、"ㅓ"（近似的 e）以及 "ㅣ"

15

(i)的合成韵母。

同样，在标示汉语拼音时，他们用韩语字母把"un"标记为"운"，因为"운"是由"우"（u）与韵尾"ㄴ"（n）合成的韩文；而把汉语拼音的"wen"用韩语字母另外标记为"웬"，因为"웬"是由"우"（u）与"언"（en）合成的韩文。

教师在教学尤其是练习简写的复韵母、鼻韵母时，要先告诉学生这些韵母的全音，让他们读全音，领会其中的变化，此外有必要在教学中对学生进行滑音的动态发音训练，从参照韩语发音的误区中摆脱出来。例如：由（you—iou）、文（wen—uen）等。

（3）发音练习

【词语】

ui——水位 回味 摧毁 汇兑 归队 魁伟 追随 归位 吹灰 垂危 追悔
iu——优秀 牛油 绣球 舅舅 悠悠 久留 犹有 流油 悠久 酒友 旧友
üe——月夜 学业 确切 血液 确实 虐待 决裂 爵位 攫取 诀窍 绝妙
ou——购买 楼道 稠密 豆浆 谋求 呕吐 柔和 收缩 搜索 透彻 幼稚
uo——左右 国防 多余 躲避 妥协 卧室 酌情 椭圆 卓越 琢磨 挫伤
un——论文 春笋 昆仑 温存 馄饨 温顺 混沌 谆谆 滚滚 蚊子 闻名
ün——匀称 云雾 允许 军事 俊俏 群众 寻求 骏马 巡逻 运动 运用

【绕口令】

① 嘴说腿，腿说嘴，嘴说腿爱跑腿，腿说嘴爱卖嘴。光动嘴不动腿，不如不长腿。

② 牛六妞赶着六头牛，六头牛驮着六篓油。

③ 楼后有狗又有猴，楼上有肉又有藕。瘦猴吃藕不吃肉，馋狗吃肉不吃藕。

④ 从小学科学，科学从小学。学好科学用科学，用好科学学科学。

⑤ 大郭多大锅，小郭多小锅，大郭拿多的大锅换小郭多的小锅，小郭拿多的小锅换大郭多的大锅。大郭对小郭说："咱俩合伙用大锅和小锅。"

⑥ 小温写论文文不顺，小文谆谆教小温改论文，小温重新润色论文改通顺，小温拉住小文谢小文。

⑦ 云云看云头晕，不看云不辨白云、乌云。群群看云头不晕，爱看云能辨白云、乌云。

（三）声调的难点及对策

韩语中没有区别意义的声调音位，因此对韩国学生来说，声调的习得要比声母、韵母难得多。同样对汉语教师来说，声调教学的难度也要大得多。从教学实践来看，韩国学生对声调音位的反应不敏感，有时即使可以模仿，也不准确。

韩国学生学习声调时主要问题是"一声不高，二声起不来，三声不全，四声下不去"。

所谓"一声不高"就是韩国学生发阴平调时，调域不高，调值一般在33或44之间（余诗隽，2007），达不到55的调值。"二声起不来"，即读中升调时常常起点太低，上升幅度不大，还有很多学生虽然起点高，但却读成降调31。"三声不全"就是说韩国学生声调由上而下再挑起来的轨迹不明显，往往只完成一半，或是读成降调，或是读成升调。"四声下不去"即读全降调时学生往往起点不高（在3度左右），或是起点较高但下降幅度不够，也有的学生受韩语有收音的入声的影响，四声读起来有入声色彩。

不过，相比来说，韩国学生的一声和四声学起来相对容易，三声最难，二声次之。

（1）定调

韩国学生没有声调语感，对各声调的调值没有心理标准，因此学生会出现各类偏误。多年的实践证明，在教声调时除了告诉学生各声调的调值外，重要的是要定调。首先是发好高平调，一是因为学生学习一声容易，可以先从容易的入手；二是因为这是学习其他声调的基础（宋春阳，1998），学生知道最高调值有多高，其他声调的发音就有参照了。可以先将阴平的调值让学生反复操练体会，然后再教其他声调。

（2）顺联教学

汉语声调教学中，人们通常的做法是按照"阴平—阳平—上声—去声"的顺序去教学，实际上这种方式效果并不好。因为这种方法步骤混乱，学生发音没有参照，不易掌握各声调的调值，增加了学习难度。胡炳忠（1979）提出了声调教学的"反桥式"（"阴平—去声—上声—阳平"）方法，实践证明，这种方法很适合韩国学生，比传统的顺序练习四声效果好得多。

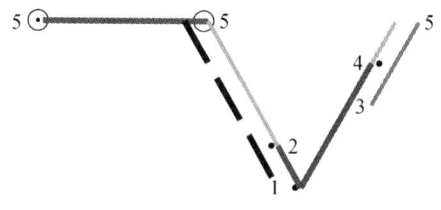

反桥式声调教学示意图

反桥式教学模式的特点是，声调首尾相连，前一个声调为后一个声调定调，学生有参照，发音容易；其次是先易后难，顺畅自然。充分克服了传统的"阴平—阳平—上声—去声"排列法每发下一个音都要重新定调的缺点。更重要的是这种练习形式对解决韩国学生三声（半三）加二声易发成半三声加一声，一声加四声易发成半三声加一声或四声加半三声的问题具有针对性（宋春阳，1998）。

（3）提供声调记忆依托

在实践中我们发现，单纯教授汉语语音声调，学生不能很快掌握，这种情况主要跟学生没有声调记忆依托有关。

可以借用韩国语现有的发音进行比拟记忆，如韩国学生二声发音不到位，可以告诉学生汉语的二声近似于韩国语会话时，没听清楚别人说话，要求重复时的"네？↗"；四声相当于提醒别人注意时（常常是长辈对晚辈）的语气词"야！↘"

此外，还可以寻找意义依托。我们知道，没有意义的声音，人们很难记忆。简单的办法是让学生将词与语素的声调结合记忆，可以让学生从日常词语开始。如：

一声：<u>妈妈</u>　<u>哥哥</u>
二声：<u>白的</u>　<u>学习</u>
三声：<u>姐姐</u>　<u>买东西</u>
四声：<u>爸爸</u>　<u>弟弟</u>

学生能够记住常说的词语，就可以不断巩固对各声调调值的准确把握，从而类推其他同调词语。

一些学生经过我们的训练，单个声调已经基本掌握了，但是在音节组合或语流中，学生的发音偏误就又表现出来了。以下几组声调组合是韩国学生学习的难点：

一声+二声：西门　高明

二声+二声：学习　韩国

三声+二声：起名　以前

一声+四声：高兴　希望

二声+四声：名片　回校

二声+轻声：朋友　容易

四声+四声：错误　重视

面对这种情况，我们要加强训练，反复纠正，使学生能够尽快掌握各声调在音节组合和语流中的发音要领。

总之，在语音学习阶段抓住难点，找出对策，重点练习，能起到事半功倍的效果。

三、汉语语音的教学方法与技巧

前面分析了韩国学生学习汉语语音时的难点与重点。要解决这些问题，除了前面介绍的一些对策外，我们参考前人的研究，再介绍一些语音课堂教学的方法和形式。

（一）汉语语音教学的基本方法

1. 示范教学法

语音学是一种"口耳之学"，是一门听音与发音的艺术，因此，与语法词汇等其他类型的教学相比，语音教学更注重对声音的模仿。在教学中，教师要给学生正确的语音示范，让学生正确体会和模仿汉语发音，帮助学生纠正语音的缺陷，提高学生的发音水平。

教学中，教师一定要对自己和学生都严格要求，首先教师要发音标准，这样学生才有可能模仿出标准的音来。如，在教 f [f] 的发音时，教师可以在发音后告诉学生要上齿轻咬下唇，气流从唇齿间摩擦出来，这样学生就会在模仿中掌握发音要领。在学生模仿的同时，教师要注意矫正学生的发音错误，如口形的圆展等，尽量让学生模仿出标准的语音（屠爱萍，2007）。

2. 演示教学法

模仿有时并不能完全解决问题，这时，教师就应该在模仿的基础上讲清楚发音原理，但是有时抽象的发音原理难以用语言表达的话，就可以采用演示法。

如在讲声母的发音部位、发音方法、元音舌位的高低前后等问题的时候，就可以展示出发音部位图和舌位图，结合自己的发音部位进行演示说明（屠爱

第一章　语音教学的技巧与方法

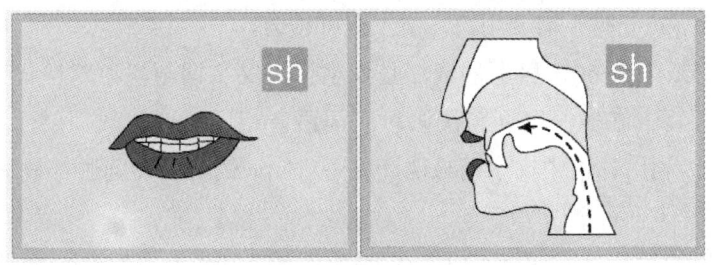

sh 发音部位图

萍，2007）。在讲 sh 这个音的时候，我们就可以对照舌位图（上图），告诉学生它的发音要领应该是：舌尖翘起，靠近硬腭前端，形成一条狭缝，让气流从中挤出来，声带不颤动。发 r 时，发音部位、方法跟 sh 相同，只是发音时声带要颤动。

演示法不仅限于做出正确的发音演示，还可以根据教学的需要，调动一切手段加强教学效果。比如学生掌握送气音与不送气音的差别比较难，教师可以针对这一点拿一张薄纸，放在嘴的前方，让学生从发音时纸的颤动与否，体会送气与不送气的差别。也可以让学生拿自己的掌心对着口腔，体会气流的强与弱。实践证明，这样的演示学生很容易理解，而且印象深刻。

3. 比较教学法

在汉语教学中，教师应该引导学生把汉语普通话和韩语以及他们所熟悉的某种语言的语音进行对比，讲清汉韩语言发音上的细微差别及对应规律。这样，学生就会对汉语普通话的发音有一个理性的认识（屠爱萍，2007）。

韩国学生在学习汉语语音时常常受到自己母语的干扰，他们常常按韩语中的某个音来标记汉语语音。如前文所述，他们把汉语拼音的"wei"用韩语字母标记为"ㅞ"。严格说来，没有完全相同的两种语言的语音，因此即便汉韩两个语音使用同一个国际音标标注，其发音特征还是有区别的；比如，汉语中的 o [o]，韩语中也有一个音ㅗ [o]。两音都用国际音标 [o] 标注，但实际音值却不同，发音时的唇形也不完全相同：韩语中的ㅗ [o] 较汉语的韵母"o"嘴唇更向前，更圆，听起来很夸张；汉语中的"o"做单韵母时实际发音为"uo"。还有一些语音非常近似，如 m [m] 与韩语中的ㅁ [m] 发音部位和方法基本一样，但他们还是有区别的：ㅁ [m] 为闭口音，m [m] 不是闭口音。老师一定要告诉学生发汉语中的 m [m] 时不需要闭口，学生即可领会。

韩语词汇中有 60% 以上的词汇是汉字词，汉字词与汉语对应词语音有着复杂的关系，其中许多汉字词与汉语对应词语音相近相似，教师要注意纠正。此外，我们可以利用韩语中汉字词与现代汉语对应词读音的异同进行教学（王庆云，2002）。如：

汉语中的唇齿音声母 f [f]，在韩语汉字词中读为双唇音，如："方法"读 [paŋ pəp]，"饭店"读 [pan tsəm] 等。

汉语声母 d、t 在韩语汉字词中都发音为 [t]，如 "大学" 读 [tai hak]，"共同" 读 [koŋ toŋ] 等。

汉语声母 j、q、g、k 在韩语汉字词中都读为 [k]，如 "江" 读 [kaŋ]，"群山" 读 [kun san]，"国家" 读 [kuk ka] 等。

汉语声母 x 在韩语汉字词中多发音为 [h]，如 "向上" 读 [hiaŋ saŋ]，"保险" 读 [po həm] 等。

汉语声母 zh、ch、sh 在韩语汉字词中分别读 [ts]、[ts']、[s]。如："政府" 读为 [tsəŋ pu]，"成功" 读为 [tsəŋ koŋ]。

汉语声母 r 在韩语汉字词中读零声母，如 "日记" 读为 [il ki]，"主人" 读为 [tsu in] 等。

韵母方面，在韵尾上汉字词与汉语对应词也是有整齐规律的。一般来说，汉语的韵尾 n 对应于韩语汉字词发音的 [n]、[m]，汉语的 ng 对应韩国语的 [ŋ]，如 "银行" → "은행"，读 [ən æŋ]。

教授韩国学生掌握韩语汉字词与汉语的发音差异规律，并运用这些规律学习汉语，举一反三，可以取得很好的效果。

另外，除了进行语际语音比较外，也要注意汉语内部的语音比较，如：教学时将 an、en、in 和 ang、eng、ing 这两组音进行对比，将 z、c、s 和 zh、ch、sh 这两组音进行对比等等，这样学生可以更加准确地掌握汉语的语音要领。

4. 顺联教学法

就是先教给学生熟悉的音，或者容易发、能发得准的音，而后再进一步通过改变口形或发音方法等引导学生发较难的音。

如韩语中没有 z、c，在教这两个声母的时候，我们可以按照 s → z → c 这样的顺序来教（屠爱萍，2007）。又如，在教汉语普通话声调的时候我们可以运用胡炳忠先生提出的"反桥式"教学法，即，不按照"阴平（55）—阳平（35）—上声（214）—去声（51）"的顺序，而是按照"阴平—去声—上声—阳平"的"反桥式"顺序。按照"反桥式"的顺序进行教学和练习，非常顺畅，学生容易领会和接受。

5. 针对教学法

这种方法就是教师要及时发现学生的问题，有目标地开展训练。一般来说上课时，教师先用很短的时间把所有的语音教一遍，在教学中细心发现学生的发音缺陷和错误，然后针对学生的偏误进行重点教学。

比如，一般来说，教师在教完韩国学生声母后，就会发现学生发音时常常发错 f、z、c、s、j、q、x、zh、ch、sh、r 这些音，那么，下一步的教学重点就要针对这些偏误展开。

在教韵母时，韩国学生大多将 ü [y] 发成"ui"，读 ui [uei]、iu [iou]、un [uen]、ün [yen] 时，往往丢失韵腹等。我们就要针对这些特殊情况重点教授。

6. 听辨教学法

语言教学中听说紧密相连，一般来说，学生听辨力高，发音就标准。教学中，教师应充分利用听说关系进行训练。可采用以下两种方式：

（1）教师发音，让学生听音、辨音，之后模仿发音或做练习。

（2）学生发音，同学们听音并纠正发音错误，学生或教师示范正确发音。

这种方法适于辨别语音练习，让学生通过辨别，提高对汉语语音的感知能力。如在教韵母后，可让学生做韵母听辨练习。如辨别 an 和 ang，教师读音，学生记音，教师让学生在两者中选择正确的音；也可以教师读一个正确音、一个错误音让学生选择其中正确的一个，等等。

教无定法，以上只是几种常用的方法，教学中还可以根据实际情况开发其他的方法，比如利用现代多媒体技术、动漫等更加形象和实用的语音教学方法，提高教学效率。

（二）汉语语音教学的形式

汉语语音课的教学常常是反复练习纠正声母、韵母、声调，学习的是一些抽象的表音符号，而且这些符号既难读又难记，没有故事情节，缺乏一定的情境，学生学起来容易感到枯燥乏味。汉语语音的学习是带领学生们进入汉语学习领域的第一步，如果有学生一开始就丧失了学汉语的勇气与兴趣而却步不前，那么这种情况就会给他以后的汉语学习蒙上阴影。如何使汉语语音教学变得生动有趣，这是许多汉语教师时常考虑的问题。

使语音教学生动有趣的方法很多，如可以采用编绕口令、讲笑话、唱汉语歌等多种形式。在运用这些形式时，可以根据教学内容，使枯燥乏味的东西变得饶有趣味，使难于掌握的东西变得易学好记。还可以根据课堂教学的进程穿插采用一些游戏，使课堂气氛有张有弛，既紧张严肃，又轻松活泼。下面介绍几种教学形式：

1. 教授语音时尽量创造情境

拼音教学中可以将图、形、音结合起来，将抽象的语音具体化，形象化，激发学生的兴趣。

比如讲四声声调时，可制作一个动漫，设置一个故事情境：恩熙的爸爸带她去旅游，要经过四条路。车子先开过一条平坦的大路（第一声调ˉ），看见很多美丽的花朵；第二条路有一条斜坡，车子要往上开（第二声调ˊ），她很开心；第三条路又下斜坡又上坡（第三声调ˇ），她马上扶住车子，因为她很怕；第四条路从山上往山下开（第四声调ˋ），终于到了，她非常开心。这样让学生先有一个心理感觉，再辅以其他手段教学生四声就容易理解多了。

前面说过，在讲解四声时，重要的是给四声定调，其中要首先给一声定调。可以给学生讲一个故事：洙昊开车，突然前边有一个紧急情况，他不得不按喇叭"嘀——，嘀——"，告诉学生可以参照汽车喇叭的音高发一声，这样学生非常容易接受。

这些手段都可以避免语音学习和练习上的枯燥乏味，调动学生的积极性。

2. 采用多种形式教学

教师在教学中要采取多种形式教学，调动学生学习的积极性，激发他们的学习兴趣。可利用课文中的插图、图片、卡片等辅助教学手段帮助学生学习。

在教学拼读音节时，可以制作电脑课件：两个小朋友跑着推字母卡片 m 和 a，然后快速连读，教师配合画面配以声调，拼读成音节，然后闪现汉字"妈"以及妈妈的画面。课件的动感功能可以吸引学生，使学生的脑、眼、口都动起来，并随着画面的演示拼读出 mā 的音节。

3. 通过游戏活动让学生动起来

语音教学如果学生只是单纯地读练，未免太枯燥，学生容易产生厌倦情绪，注意力难以集中。要让学生充分地"动"起来，鼓励学生用肢体、手势来"手舞足蹈"。

比如教师在引导学生练习时，把四个声调称作"四声王子"，并请他们进行表演：当老师念到某一个声调时，扮演那个声调王子的同学就跳出来，并以两只手臂的倾斜度表示声调。这种教学设计既满足了学生爱活动、爱表演的心理，又能让学生兴趣盎然地学会四个声调，寓教于乐。

4. 一些可供参考的方法

（1）抢读语音

将全班分成若干小组，然后教师逐个出示一些声母或韵母卡片，学生们举手抢答，教师让最先举手的学生读出该语音，读对的给该组记 10 分，得分最多的组为优胜。

（2）听音节辨音

给每个学生发放声母、韵母卡，然后教师读音节，如 kao，学生们辨别音节中的声母或韵母，有该声母、韵母卡的学生举手展示卡片。

（3）听辨竞赛

跟上一个游戏相似，只是加入竞赛元素。教师准备几套声母或韵母卡，将全班分成两组或三组，每人发一张卡片，教师快速念声母或韵母，持有该语音卡片的学生应迅速站起来，最先站起来的人得两分，后站出来的得一分，没站出来的得零分，得分多的组获胜。

（4）听音摘卡片

这也是一个训练学生听认语音能力的游戏。首先教师把所学过的声母或韵母写在卡片上，共写两组，分别贴在黑板上，然后把学生分成两组。游戏开始，每组的第一名学生在黑板前等候，教师说出一个音，这两名学生应立即摘下教师所念的语音卡片，放到讲台上，摘得对而快的得 2 分，对而慢的得 1 分，不对的不得分，在教师念第一个语音时，各组的第二名学生应上前等候，在第一名学生摘完卡片后，教师立即念另一个语音，游戏接着进行，最后得分多的组为优胜。

（5）摘苹果

教师先在黑板上出示一张挂满了苹果的苹果树的挂图，每个苹果上都写有一个音节，如 bao、dou、duo、po 等，再出示几个篮子，每只篮子都贴有一个韵母，如 o、uo 等，然后找几名学生上前面来，老师读音节，学生把苹果树上写有该音节的苹果摘下来，放入含有该韵母的篮子里，如：将写有 duo、kuo 的苹果放在贴有韵母 uo 的篮子里，将写有 dou、kou 的苹果放入贴有韵母 ou 的篮子里，最快最准确的获胜。

（6）找朋友

将学生分成三组，声母组、韵母组、声调组，每个学生手持一张卡片，上面写着一个音位符号（声母、韵母或声调），让他们自由组合，然后每组共同读出这个音节。之后再重新组合，如此不断重复。注意有的组合，汉语中没有此音节，就可以自然导入汉语音节的拼合规律。

总之，语音教学对学生和教师来讲，都是一个考验。汉语教师应该结合实际情况，针对学生的特点，创造性地开展课堂活动，使语音课做到既轻松活泼又快速高效。

附录：

1. 汉语发音部位图

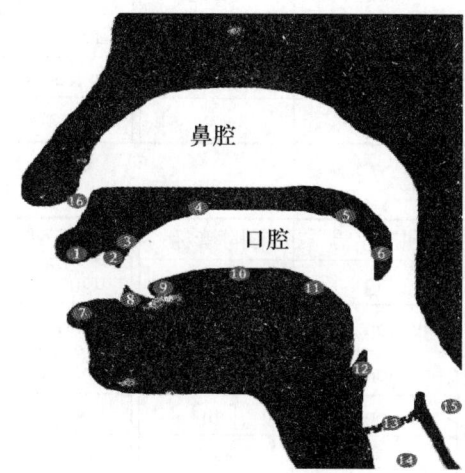

1. 上唇
2. 上齿
3. 上齿龈
4. 硬腭
5. 软腭
6. 小舌
7. 下唇
8. 下齿
9. 舌尖
10. 舌面
11. 舌根
12. 会厌（喉盖）
13. 声带
14. 气管
15. 食道
16. 鼻孔

2. 汉语音标表

（1）声母表

拼音字母	国际音标	拼音字母	国际音标	拼音字母	国际音标
b	[p]	l	[l]	z	[ts]
p	[p']	g	[k]	c	[ts']
m	[m]	k	[k']	s	[s]
f	[f]	h	[x]	zh	[tʂ]
d	[t]	j	[tɕ]	ch	[tʂ']
t	[t']	q	[tɕ']	sh	[ʂ]
n	[n]	x	[ɕ]	r	[ʐ]

（2）单韵母表（以下韵母为单用或只跟在辅音后）

拼音字母	国际音标	拼音字母	国际音标	拼音字母	国际音标
a	[A]	e	[ɤ]	u	[u]
o	[o]	i	[i]	ü	[y]

（3）复韵母表

拼音字母	国际音标	拼音字母	国际音标	拼音字母	国际音标
ai	[ai]	ia	[ia]	ua	[ua]
ei	[ei]	iao	[iau]	uo	[uo]
ao	[au]	ie	[ie]	uai	[uai]
ou	[ou]	iou	[iou]	ui（uei）	[uei]
				üe	[ye]

（4）鼻韵母表

拼音字母	国际音标	拼音字母	国际音标	拼音字母	国际音标
an	[an]	ing	[iŋ]	uan	[uan]
en	[ən]	ian	[iæn]	uang	[uaŋ]
in	[in]	iang	[iaŋ]	un（uen）	[uən]
ang	[aŋ]	iong	[yŋ]	ueng	[uəŋ]
eng	[əŋ]			üan	[yæn]
ong	[uŋ]			ün	[yn]

【注意事项】

① 汉语拼音有一些缩写形式，在转换时应特别引起注意，应恢复成完整形式。如：ui 是 uei 的缩写，un 是 uen 的缩写，ü 在 j、q、x 和 y 后写做 u。

② 儿化标记写在音节末尾。

③ 元音严式音标记忆方法（只换其中对应的拼音字母）。

　　a 的同一音位有 5 种：用 [a]：ai、an、ia；用 [ɑ]：跟在辅音后或者单独使用；用 [ɑ]：ang、iang、uang、ao、iao、ua；用 [æ]：ian（或写作 yan）；用 [ɐ]：儿化；

　　o 的特殊标法：[uŋ]：ong；[yŋ]：iong；

　　e 的同一音位有 4 种：用 [ɤ]：跟在辅音后或者单独使用；用 [e]：ei、ui；用 [ɛ]：ie、üe；用 [ə]：en、eng、un、ueng、er；

　　i 的同一音位有 3 种：用 [ɿ]：跟在 z、c、s 后；用 [ʅ]：跟在 zh、ch、sh、ri 后；用 [i]：跟在其他辅音后。

3. 汉语声母韵母发音参考方法

（1）声母

b：先双唇闭合，把气憋住，再突然放开，让气流自己冲出来，极轻极短，气流较弱。
p：先双唇闭合，把气憋住，再突然放开，向外送气，极轻极短，气流较强。
m：双唇闭拢，把气堵住，发音时气流从鼻腔出来，声带颤动。
f：上齿接触下唇，发音时气流从齿和唇的小缝中摩擦出来。
d：舌尖抵住上牙床（上齿龈），憋住气流，然后舌尖突然放开，吐出微弱的气流，声带不颤动。
t：发音动作和 d 基本相同，不同的是口腔送出的气流比较强。
n：舌尖顶住上牙床，发音时声带颤动，气流从鼻腔出来。
l：舌尖顶住上牙床，发音时声带颤动，气流从舌头两边出来。
g：舌根抬起，顶住软腭，然后突然放开，较弱的气流冲出来，发出又轻又短的音。
k：跟发 g 大体相同，只是冲出的气流比较强。
h：舌根靠近软腭，形成窄缝，气流从窄缝中挤出来。
j：舌面前部抬起贴紧硬腭前端，然后稍微放松一点，形成窄缝，让微小气流从缝中挤出来。
q：发音动作和 j 基本相同，只是由窄缝里挤出来的气流较强。
x：舌面向前、向上，接近硬腭前端，气流从舌面和硬腭间的窄缝中挤出来。
z：舌尖向前平伸，顶住上门齿背，憋住气，然后舌尖稍微放松，形成窄缝，让气流自然从窄缝中挤出。
c：发音动作和 z 基本相同，只是从窄缝中挤出的气流较强。
s：舌尖向前平伸，和上门齿背接近，中间留一条窄缝，气流从窄缝中挤出来。
zh：舌尖翘起，抵住硬腭前部（上牙床后面的部位），然后稍微放松，让气流从窄缝中挤出来。
ch：发音动作跟 zh 大体相同，只是在稍微放松时送出的气流较强。
sh：翘起舌尖，靠近硬腭前部，留一道窄缝，让气流从当中挤出来。
r：发音动作跟 sh 基本相同，只是发音时声带要颤动。
（2）韵母
a：嘴张大，舌头居中，舌面中间微微隆起。
o：嘴唇拢圆，舌头后缩，舌面后部隆起。
e：嘴半开半闭，嘴角往两边咧开，舌头后缩，舌根稍抬。

i：口开得很小，舌面前部抬高，嘴角向两边展开。

u：双唇尽力拢成圆形，中间只留一个小孔，舌头后缩。u 自成音节时写作 wu。

ü：双唇成扁圆形，接近闭合，舌头向前，接触下齿背。ü 自成音节时写作 yu。

ai：前面的 a 比单念 a 时舌位偏前，要念得长而响亮，后面的 i 要念得轻短模糊，它只表示舌头移动的方向，实际上舌头并不一定到 i 的位置。

ei：e 比单念时舌位靠前，要念得长而响亮，后面的 i 念得轻短模糊。

ui：是 u 和 ei 的结合，它是《汉语拼音方案》中 uei 的省写式。为了学习简便，我们只学 ui，不学 uei。ui 自成音节时写作 wei。

ao：先发 a，比单念 a 时舌位靠后，要发得长而响亮，接着舌头逐渐抬高，口形收拢、变圆，发出近似 u 的音 ú 不是 o 的音 ǔ，要轻短。

ou：先发 o 的音，接着嘴唇逐渐收拢，发出 u 的音，o 念得长而响亮，u 念得轻短模糊。

iu：是 i 和 ou 的结合，它是《汉语拼音方案》中 iou 的省写式。iu 自成音节时写作 you。

ie：由发 i 开始，接着发 e，口腔半开，中间气不断。ie 中 e 的读音与单念的 e 不同，这里的 e 念 [ê]，口半开，嘴角展开，舌尖抵住下齿背，舌头靠前，嗓子用力。ie 自成音节时写作 ye。

üe：由 ü 开始，然后向 e 滑动，口形由合到半开，中间气不断。这里 e 的发音与 ie 中 e 的发音相同。üe 自成音节时写作 yue。

er：e 表示发音时舌头的位置，r 表示卷舌动作。在发出单韵母 e 的同时，把舌头卷起来对着硬腭，就成了 er。

鼻韵母是由元音加上一个鼻辅音构成的韵母。在普通话里充当韵母尾音的鼻辅音只有两个：n 和 ng。前鼻韵母的鼻尾音是 n，ng 是后鼻韵母的鼻尾音。

n：要用舌尖抵住上牙床（上齿龈），软腭下垂，让气流从鼻腔透出。

an：先发 a 的音，然后舌尖逐渐抬起，顶住上牙床发 n 的音。

en：先发 e 的音，然后舌面抬高，舌尖抵住上牙床，气流从鼻腔泄出，发 n 的音。

ian：先发 i 的音，i 较轻短，接着发 an，i 与 an 结合紧密些。ian 自成音节时写作 yan。

iang：先发 i，接着发 ang，使二者成为一个整体。iang 自成音节时写作 yang。

iong：先发 i，接着发 ong，使二者成为一个整体。iong 自成音节时写作 yong。

in：先发 i 的音，然后舌尖抵住下齿背，舌面渐至硬腭，气流从鼻腔泄出，发 n 的音。in 自成音节时写作 yin。

uan：先发 u，接着发 an，u 与 an 结合为一个整体。uan 自成音节时写作 wan。

uang：先发 u，接着发 ang，使二者成为一个整体。uang 自成音节时写作 wang。

un（uen）：先发 u 的音，然后 u 与 en 结合为一个整体。un 自成音节时写作 wen。

ueng：先发 u，接着发 eng，使二者成为一个整体。ueng 自成音节时写作 weng。

üan：先发 ü 的音，接着发 an，ü 与 an 结合为一个整体。üan 自成音节时写作 yuan。

ün：发先 ü 的音，然后舌头上抬，抵住上牙床，气流从鼻腔泄出，发 n 的音。ün 自成音节时写作 yun。

ang：先发 a，紧接着舌头往后缩，舌根抵住软腭，气流从鼻腔出来。

eng：先发 e，紧接着舌根后缩，抵住软腭，气流从鼻腔出来。

ing：先发 i，紧接着舌根后缩并抵住软腭，气流从鼻腔出来。ing 自成音节时写作 ying。

ong：先发 o，紧接着舌头后缩，舌根抵住软腭，气流从鼻腔出来。

参考文献

[1] 胡炳忠. 1979. 四声连读与"辨调代表字"——教学笔记［J］. 语言教学与研究（1）.

[2] 林鸿. 2005. 普通话语音与发声［M］. 杭州：浙江大学出版社.

[3] 马燕华. 2007. 论对外汉语教学的语音难点与语音重点［C］. 汉语教学学刊·第3辑·"首届中青年学者汉语教学国际学术研讨会"论文集刊. 北京：北京大学出版社.

[4] W. F. 麦基. 1990. 语言教学分析［M］. 北京：北京语言学院出版社.

[5] 申东月. 2010. 汉韩音节对比及汉语语音教学［C］. 第九届国际汉语教学研讨会论文选. 北京：高等教育出版社.

[6] 盛炎. 1990. 语言教学原理［M］. 重庆：重庆出版社.

[7] 施伟伟，宋燕岚. 2010. 初级水平韩国大学生汉语声母习得偏误分析及教学策略研究——基于又松大学中文系一年级的语料分析. http://yywz.huedu.net/files/upfile/ 2010512135657124.doc.

[8] 宋春阳. 1998. 谈对韩国学生的语音教学——难音及对策［J］. 南开大学学报（3）.

[9] 陶婵. 2009. 韩国学生学习汉语发音的常见问题及解决办法［J］. 文史资料（2月号下旬刊）.

[10] 屠爱萍. 2007. 对韩汉语语音教学的基本方法[J]. 现代语文（语言研究）（1）.

[11] 王庆云. 2002. 韩国语中的汉源词汇与对韩汉语教学［J］. 语言教学与研究（5）.

[12] 余诗隽. 2007. 韩国人学习汉语语言的偏误分析及其对策［D］. 华中师范大学硕士论文.

第二章
语法教学的技巧与方法

  学好一门语言，掌握语法是关键。语法是构建语言体系的基本框架，有了这个框架，语音、词汇等要素才能发挥交际功能。语法教学是汉语教学的重头戏，汉语和韩语分属不同的语系，一些语法规则存在着很大的差别，所以汉语语法学习对韩国学生来讲是一个重点和难点。语法教学水平既反映教师的经验，也显示教师的功底，因此语法教学对汉语教师来讲是一个挑战。

2장
중국어 문법 교육 기교와 방법

한 언어를 잘 배우기 위해 중요한 것은 바로 문법을 어떻게 잘 파악하느냐이다. 문법은 언어체계를 구성하는 기본 틀로, 이 틀이 있어야만 음성, 어휘 등의 요소가 의사소통의 기능을 발휘할 수 있다. 문법 교육은 중국어 교육의 핵심이다. 한국어와 중국어는 서로 다른 어족에 속하므로 일부 문법 규칙에 있어 많은 차이를 나타내고 있어서 한국 학생이 문법 학습은 핵심이기도 하고 어려움이기도 하다. 문법교육의 수준은 교사의 경험을 반영할 뿐만 아니라 교사의 실력을 보여주기 때문에 중국어 교수자에게 문법 교육은 하나의 도전이라고 말할 수 있다.

一、汉韩语法对比

汉语属于汉藏语系，为孤立语；韩语属于乌拉尔—阿尔泰语系，为黏着语。汉语语法系统具有自己的独特之处，充分了解汉语语法的特点和汉韩语法体系的区别才能自如地教好汉语。

（一）汉韩语序对比

汉语的组织主要靠语序和虚词，其基本语序是 SVO（主语—谓语—宾语），汉语语序主要有表示陈述关系的主谓结构，表示修饰关系的定中或状中结构，表示支配关系的动宾结构，表示补充关系的动补结构。

韩语的基本语序是SOV（主语—宾语—谓语）。如：

① 나는 너를 사랑해.（我爱你。）
　　我　你　爱

汉语语序比较严格，一般来说，改变语序就意味着改变了意义。如:狗咬我——我咬狗。韩语由于有比较完备的功能标记，人们可以靠这些标记确认它们的身份，而不仅仅依赖语序。因而与汉语相比，韩语的语序比较自由。如：

② 어제 철수는 학교에 갔다.（昨天哲洙去了学校。）
③ 철수는 어제 학교에 갔다.（昨天哲洙去了学校。）
④ 철수는 학교에 어제 갔다.（昨天哲洙去了学校。）
⑤ 나는 도서관에서 책을 빌렸다.（我在图书馆借书了。）
⑥ 나는 책을 도서관에서 빌렸다.（我在图书馆借书了。）
⑦ 도서관에서 나는 책을 빌렸다.（我在图书馆借书了。）

（二）汉韩形态对比

汉语缺乏形态标志，韩语形态标志比较丰富，韩语借助助词和词尾来表示语法关系。如：

⑧ 제가 집에서 사과를 먹었습니다．（我在家里吃了苹果了。）
　　我　家　　苹果　　吃

其中가、에서、를分别为主格助词、副词格助词、宾格助词；었为过去时词尾，습니다为终结词尾，表示一句话说完了。

（三）词类与句法成分的关系对比

汉语词类和句法成分之间没有简单对应的关系，而韩语的词类和句法成分之间有简单对应的关系。汉语主语一般由名词担任，但动词、形容词等谓词性成分也可以作主语；汉语谓语常由动词、形容词担任，但名词等体词性成分也可作谓语。韩语主宾语一般由名词担任，谓语由动词或形容词担任。如果非体词性成分出现在主宾语位置上，一定要通过形态变化使之名词化；同样如果非谓词性的成分出现在谓语位置上，也要通过形态标志使之谓词化。例如：

非体词名词化
⑨ 나의 기쁨은 그의 슬픔이다．（他的悲伤是我的快乐。）
　　我的　快乐　他的　悲伤　是（"快乐、悲伤"形容词变名词）

非谓词动词化
⑩ 우리는 결혼을 결심했다．（我们决定结婚。）
　　我们　　结婚　　决心（"决心"名词变为动词）

韩国学生学汉语时一定要排除母语的干扰，适应汉语的语序规则，用汉语的语序规则理解语义并生成句子。在语法教学中，汉语教师要注意训练学生对汉语结构规则的运用和对汉语结构语义关系的把握。

（四）成分省略情况对比

跟汉语相比，韩语成分的省略更为自由。韩语的主语、宾语等成分经常省略，有时谓语也可省略。例如：

⑪ 밥(을) 먹었어？（吃饭了吗？ 主语省略）

⑫ 벌써 다 읽었구나．（已经都读完了。 主语、宾语省略）

⑬ 언제 귀국하십니까？（什么时候回国？ 主语省略）

⑭ 왜 열심히 일하는 사람을 퇴직시키십니까？
（为什么要辞退努力工作的人？ 主语省略）

⑮ 언제든 오시려면(먼저) 저한테 연락해 주세요．
（什么时候想来的话先跟我联系一下。 主语省略）

⑯ —— 어디 가？（去哪儿？ 主语省略）
—— 집(으로)에．（家。 主语、谓语省略）

（五）组合规则对比

汉语不同层面的组合规则具有一致性，韩语各语法单位间的界限比较清楚。

汉语的词、短语、句子的组合规则是相通的，基本上都采用主谓、述宾、偏正（包括定中、状中）、述补等组合规则。韩语有些复合词的组合方式跟词组相同，有些复合词的组合方式与词组不同。韩语句子都以特定的语尾收尾，词组和句子的界限很清楚。

汉语的特点对韩国学生来讲，只要重点领会汉语这几套组合规则，就能理解和运用汉语的词、短语和句子，满足交际的需要。汉语语法教学要着重培养学生对汉语常用结构熟练运用的能力，帮助他们熟悉汉语语句的常用格式。

（六）语法内容对比

相对而言，汉语语法内容比较复杂。汉语中有一些独特的表达句式，如述补结构以及一些用虚词引导的句式如"把"字句、"连"字句等。这些句式是韩语中所没有的，而且这些句式所表达的意义也不同于汉语一般的句式；也有一些句式如比较句等，虽然韩语中有，但与汉语的结构格式不同。这些对韩国学生来讲都是学习的难点。汉语教师在教学中，不仅要让学生深入领会这些句式的意义，而且要让他们能够自如地运用，达到得当而又准确地用汉语表情达意的目的。

二、韩国学生的语法偏误

韩国学生在学习汉语的时候常常出现一些语法错误,这些语法错误有很多带有普遍性,究其原因有的是由于母语干扰,有的是由于过度泛化。本节主要选取韩国学生容易出现的带有普遍性的、典型的偏误来分析,希望这些偏误分析可以对汉语教师的教学工作起到一定的帮助作用。

(一)语序偏误

汉语韩语语法最大的差异就是语序不同,韩语的基本语序是主—宾—谓,宾语在主语的后边,宾语和主语都加形态标志。汉语的语序是主—谓—宾,主宾都无形态标志。如汉语说:"我吃饭。"韩语说:"我(+主格标志)饭(+宾格标志)吃。"初学汉语的韩国学生常常受母语的负迁移影响。如:

① *我们一块儿商店去吧。——我们一块儿去商店吧。

　우리 같이 상점에 가자.

　我们 一块 商店 去

② *你什么东西买吗?——你买什么东西吗?

　어떤 물건을 살거예요?

　什么 东西　买

③ *他北京住在很长时间。——他在北京住了很长时间。

　그는 북경에서 산지 오래 됐다.

　他 北京 在 住 长

④ *每天下午我的衣服洗洗。——每天下午洗我的衣服。

　매일 오후 나는 옷을 빨래한다.

　每天 下午 我的 衣服　洗

第二章 语法教学的技巧与方法

这种例子很多，尤其对初学汉语的学生来讲，这种情况很普遍。

吕必松（1999）认为"第一语言的某些特点、原有的生活经验和民族习惯在某些方面、某种程度上对习得第二语言有干扰甚至抗拒作用"。显而易见，韩国学生是受了母语——韩语的影响。上面例句是初学汉语的学生常犯的基本语序偏误，随着汉语语句学习长度和复杂程度的增强，学生在修饰成分方面的语序也出现一些偏误。下面我们分类谈一下韩国学生的语序偏误：

1. 主谓语序偏误

初学汉语的韩国学生常常受母语的负迁移影响，将主语和谓语的位置颠倒。

⑤ *上个学期，我中国文化课学了。——上个学期，我学了中国文化课。
　　지난 학기에 나는 중국문화 수업을 들었다．
　　上个　学期　我　中国文化　课　　听
⑥ *结束高考以后，你们什么做？——高考结束以后，你们做什么？
　　대학 입학 시험이 끝난 후에 너희들은 무엇을 하는가？
　　大学　入学　考试　结束　以后　你们　　什么　　做

2. 述宾结构语序偏误

⑦ *她这个菜做很拿手。——她做这个菜很拿手。
　　그녀가 이 음식을 만드는데 자신이 있다．
　　　她　　这个菜　　做　　自信　有
⑧ *韩国有老师教的地方。——韩国有教（培训）老师的地方。
　　한국에는 교사를 배양하는 곳이 있다．
　　韩国　　老师　培训的　地方　有
⑨ *我有很多汉语教过的经验。——我有很多教汉语的经验。
　　나는 중국어를 가르친 경험이 많이 있다．
　　我　汉语　教　　经验　很多　有

3. 数量结构的语序偏误

很多学生把汉语中数量结构放在谓语的前面。例如：

39

⑩ *请再一遍说吧！——请再说一遍吧！
다시 한번 말해주십시오．
　再 一遍　请说吧

⑪ *我在青岛四年住了。——我在青岛住了四年。
나는 청도에 4년 살았다．
　我　在青岛 4年　住

⑫ *啤酒一瓶请给我。——请给我一瓶啤酒。
맥주 한　병　주세요．
啤酒 一　瓶　请给（我）

⑬ *今天上午我到十点睡觉了。——今天上午我睡到十点。
오늘 오전 10시까지 잤다．
今天 上午 到十点　睡觉

⑭ *我汉语书两本有。——我有两本汉语书。
나는 중국어 책이 2권 있다．
　我　　汉语　书　2本　　有

实际上这些偏误都受到了韩语语序的负迁移影响，在韩语这类的结构中，数量词要放在主要动词的前边。

4. 状语位置的偏误

汉语状语的位置比较固定，大部分放在谓语的前边，而一些副词作状语只能出现于谓语动词的前边；有的时候，韩语的状语位置比较自由，可以出现于主语之前，也可以出现于主语之后。受母语的负迁移影响，一些韩国学生常常将状语错置。如：

⑮ *吃完饭，就我们出去玩了。——吃完饭，我们就出去玩了。
밥을 다 먹자마자 우리는 나가서 놀았다．
　饭　都 吃完就　我们　出去　玩

⑯ *三个小时的火车坐了，终于我们到了。——坐了三个小时的火车，我们终于到了。
3시간동안 기차를 타고 드디어 도착했다．
3个小时　火车　坐了 终于　　到

汉语多项状语的排列顺序大致是：表条件、目的或原因的介宾短语→时间、处所→语气、频率→总括、范围→否定→程度→情态、依据→方向、路线→对象(介宾短语)→描写动作的→中心语。有的时候，语句中出现几个状语的时候，韩国学生常常不知道这几个状语的顺序。如：

⑰ *我要对妈妈好好地聊天儿。——我要好好地跟妈妈聊天儿。
　나는 어머님이랑 잘　이야기할꺼야.
　　我　妈妈　对　好好地　聊天儿要

⑱ *弟弟也小的时候身体不是那么好。——弟弟小的时候身体也不是那么好。
　남동생도 어렸을 때 그렇게 몸이 좋지 않았다.
　　弟弟也　小的时候　那么　身体　不好

⑲ *大家一起在运动场给老师大声地唱教师节歌了。——大家在运动场一起大声地给老师唱教师节歌。
　　다함께 운동장에서 선생님께 큰 소리로 스승의날 노래를 불렀다.
　　大家一起 在运动场上 给老师 大声地 教师节 歌 唱

⑳ *先你们跟我念。——你们先跟我念。
　　너희들이 먼저 나를 따라 읽어라.
　　　你们　先　我　跟　念

㉑ *已经你们都学过了吗？——你们都已经学过了吗？
　　너희들은 이미 배우지않았니？
　　　你们　都已经　学过吗

㉒ *下课了，同学们往教室外边高高兴兴地出去。——下课了，同学们高高兴兴地往教室外边走去。
　　수업이 끝나니 다들　즐겁게　교실 밖으로 나간다.
　　　课　下了　同学们　高高兴兴地　教室 往外边 出去

例⑳—㉒中韩语"먼저"(先)、"이미"(已经)、"즐겁게"(高高兴兴)位置灵活，可以放在句中，也可以放在句首，因此，韩国学生受母语的影响，产生偏误。

5. 定语位置的偏误

韩语的定语一般位于中心语之前，韩国学生在使用简单定中结构时偏误较少，

41

但在使用复杂定语时,容易出现偏误。汉语中不同词语构成的多层定语,其内部的排列顺序大致为:领属→时地→定指→数量→描述→质料→中心语。这样,学生常常把多项定语的语序排列错误,例如:

㉓ *老师是真聪明的一个人。——老师是一个很聪明的人。
　선생님은 참 똑똑한 분이시다.
　　老师　真聪明的　一个人
㉔ *我没听懂司机的说话。——我没听懂司机说的话。
　내가 기사의 말씀을 이해하지 못했다.
　　我　司机的　说话　听懂　没
㉕ *那时候,过来了高高的一个先辈。——那时候,一个个子高高的师兄过来了。
　그때 키가 큰 선배가 왔다.
　　那时候 个子　高高的 师兄　过来
㉖ *去了东海的一个韩国人发现了那个地方。——一个去了东海的韩国人发现了那个地方。
　동해에 간 한국 사람은 그 곳을 발견했다.
　　东海　去 韩国　人　那个 地方　发现
㉗ *以前没学习过的很多的生词有了。——有了很多以前没学习过的生词。
　전에 배운 적이 없는 단어가 많이 있었다.
　　以前 学习 过的 没　生词　很多　有
㉘ *最长你的留在记忆里的礼物是什么?——留在你的记忆里印象最深的礼物是什么?
　가장 인상 깊은 선물은 무엇입니까?
　　最　印象 深的 礼物　什么是

6. 补语位置的偏误

述补结构是汉语的主要结构类型之一,而韩语的句子没有补语位置,位于句末的是作为谓语成分的动词或形容词。

韩国学生在造句时,如果遇到动词和形容词同时出现时,他们受母语的干扰常常将结果、程度、状态、数量等成分放在动词或形容词的前边。

例如：

㉙ *我很多买了。——我买了很多。

　　나는 많이 샀다.

　　我　很多 买

㉚ *他很努力学了汉语。——他学汉语很努力。

　　그는 중국어를 열심히 공부한다.

　　他　汉语　很努力　学习

㉛ *昨天我回去家到8点。——昨天我回到家8点了。

　　어제 나는 8시에 집에 돌라갔다.

　　昨天　我　8点　家　回去

㉜ *他在床上躺。——他躺在床上。

　　그는 침대에 누워 있다.

　　他　床　在　躺

还有一些学生学习了补语用法，但是对述补结构的某些用法还没有掌握好，结果造成偏误。如：

㉝ *小伙子穿衣服得怎么样？——小伙子穿衣服穿得怎么样？

　　총각이 옷을 입은 게 어때요?

　　小伙子 衣服　穿　得　怎么样

7. 连动结构中宾语的位置偏误

㉞ *我和妈妈一起去旅行了桂林。——我和妈妈一起去桂林旅行了。

　　나는 어머님과 계림에 여행 갔다.

　　我　和妈妈　桂林　旅行　去

㉟ *我能不能带去这本书？——我能不能带这本书去？

　　내가 이 책을 가지고 가도 돼요?

　　我　这本　书　带　去　能不能

连动结构中的宾语，一般放在第二个动词之前，正确的语序是"动词$_1$+宾语+动词$_2$"。而韩国学生往往写成"动词$_1$+动词$_2$+宾语"，这主要还是由于过度泛化汉语语序规则的结果。学生在造句时试图摆脱语序的干扰,把动词统统放在宾语的前面,就出现了上述错序偏误。

以上是我们分析的语序偏误的几个主要方面,实际上语序偏误表现在韩国学生偏误的许多方面,下文有些句式的偏误实际上也存在着语序偏误的问题,为避免重复,本部分不再列出。

(二)动词及动词结构使用偏误

1. 词性偏误

韩国学生有时受母语影响,常常弄错汉语的词性。

㊱ *我爸爸对中国很有关心。——我爸爸很关心中国。
　　아빠가　중국에　관심이 있다．
　　爸爸　(对)中国　关心　有

㊲ *那个时候在韩国还没有汉语的流行。——韩国那个时候汉语还没有流行。
　　　그때　한국에서　중국어는　유행하지 않았다．
　　那个时候　韩国在　汉语　流行　没有

㊳ *现在我正亲自经验着这样的事情。——现在我正亲自经历着这样的事情。
　　지금　나는　직접　이런　일을　경험하고 있다．)
　　现在　我　亲自　这样的　事　正经验着

㊴ *结婚式上,我祝福了妹妹的结婚。——在结婚仪式上,我向妹妹祝福。
　　나는 결혼식장에서 여동생의 결혼을 축하해줬습니다．
　　我　结婚式上　妹妹的　结婚　祝福

例㊱—㊴是词性误用。汉语中,"关心"是动词,但在韩国语中"관심"单独用时是名词,经常和动词"有"搭配使用。汉语中"流行"作动词或形容词,在韩语中,"유행"(流行)可作名词;韩语里,"경험"(经验)有名词、动词两种形式,而汉语"经验"只能作名词;韩语中"결혼"(结婚)是名词,而汉语中"结婚"是动词,我们不能说"祝福结婚"。

也有的时候,学生学习汉语没有真正掌握汉语的词性,而将词性误用。如:

㊵ *我对汉语有感兴趣。——我对汉语感兴趣。
　　나는 중국어에 관심이（흥미가）　있다．
　　我　　对汉语　　关心（兴趣）　　　有

㊶ *他服装得很好。——他穿得很好。
　　그는 옷차림이 잘한다．
　　他　　服装　　很好

㊷ *我今天坐打的回家。——我今天打的回家。／我今天坐出租车回家。
　　나는 오늘　택시를 타고　집에 갈　것이다．
　　我　今天　出租车　坐了　家　回（表打算）

㊸ *科长责任那些工作。——科长负责那些工作。
　　과장님은 그 일들에 책임을 진다．
　　科长　　那些工作　责任　　负

2. 不及物动词使用的偏误

韩国学生有时不能区分汉语的及物动词与不及物动词，常常将不及物动词用作及物动词，比如：

㊹ *昨天我见面了我的朋友。——昨天我跟我的朋友见面了。
　　나는 어제　친구를　만났다．
　　我　昨天　朋友　　见面

㊺ *他的发表很好，我们鼓掌他。——他的发言很好，我们给他鼓了掌。
　　그가 발표를 잘해서 우리가 박수를 쳤다．
　　他　发言　很好　我们　鼓掌

㊻ *结束高考以后，你们干什么？——高考结束以后，你们干什么？
　　대학 입학 시험이　끝난면　너희들은 무엇을 하는가？
　　大学 入学 考试　　结束以后　你们　　什么　干

㊼ *2000年，我毕业延世大学。——2000年，我从延世大学毕业。
　　2000년에 나는 연세대학교를 졸업했다．
　　2000年　我　延世大学　　毕业

㊽ * 韩国公司竞争日本汽车。——韩国汽车公司跟日本汽车公司竞争。

한국 자동차 회사는 일본 자동차 회사랑 경쟁한다.

韩国 汽车 公司 日本 汽车 公司（和） 竞争

㊾ * 雨很大，我不能出去教室。——雨很大，我不能去教室外边。

비가 많이 내리고 있어서 나는 교실에 나갈 수 없다.

雨 多 （因为正在）下 我 教室 出去 不能

㊿ * 去年我再失败了 HSK 考试。——去年我 HSK 考试又失败了。

작년에 나는 또 HSK 시험에 실패했다.

去年 我 又 HSK 考试 失败

以上例子学生主要受母语的负迁移影响导致偏误，如例㊹—㊾；也有属于学生没有掌握好汉语词性导致的偏误，如例㊿。

3. 动词或动词结构表达不完整

汉语中有些复合动词或动词结构带有结果、趋向等成分，学生表达时常常忽略其相关成分而使用单纯动词，造成表达上的不完整。如：

(51) * 昨天晚上，我听了旁边宿舍吵架。——昨天晚上，我听见旁边宿舍在吵架。

어제 밤에 나는 옆에 기숙사에서 싸우는 소리를 들었다.

昨天 晚上 我 旁边 宿舍（里）吵架的 声音 听

(52) * 在北大，我看了很多国家的学生。——在北大，我看到了很多国家的学生。

북경대학교에서 나는 많은 나라에서 온 학생들을 봤다.

北京大学 在 我 很多的 国家 从 来的 学生们 看

(53) * 那件事以后，我的女朋友变了一个奇怪的人。——自从发生那件事以后，我的女朋友变成了一个奇怪的人。

그 일이 발생한 후에 나의 여자 친구는 이상한 사람으로 변했다.

那件 事 发生 后 我的 女朋友 奇怪的 人 变

(54) * 先辈生气了，戴帽子就离开了。——师兄生气了，戴上帽子就离开了。

선배는 화가 나서 모자를 쓰고 나갔다.

先辈 生气 帽子 戴 离开

(55) * 听了这个消息，我们高兴地喊了。——听到这个消息，我们高兴地喊了起来。

이 소식을 듣고 우리는 즐거워서 소리쳤다.

这个 消息 听 我们 高兴地 喊

汉语中动词或动词结构表示结果、趋向等语义，可以采用复合形式，如可以在动词后加上相关成分“到”、“成”、“上”、“起来”等；而韩语在表示完成等时态时，一般通过动词加上一个词尾来实现。韩国学生不能充分掌握汉语动词或动词结构的表达方法常常造成偏误。

4. 一些格式常常遗漏需要重复的动词成分

(56) * 妈妈做饭得很好。——妈妈做饭做得很好。

엄마는 요리를 잘 한다.

妈妈 料理 好 做

(57) * 早上，同屋洗澡了一个小时。——早上，同屋洗澡洗了一个小时。

아침에 룸메이트가 한 시간 동안 목욕을 했다.

早上 同屋 一个小时（期间）洗澡

(58) * 小伙子穿衣服得怎么样？——小伙子穿衣服穿得怎么样？

총각이 옷을 입은게 어때요?

小伙子 衣服 穿 怎么样

学生主要是没有很好地掌握汉语这种重动句的规则，出现动词偏误。教师应该有针对性地讲清这种格式对动词的特殊要求。

5. 动词使用不当

(59) * 中国短时间得了很大发展。——中国在短时间内取得了很大发展。

중국은 짧은 시간 내에 큰 발전을 이룩했다.

中国 短 时间 内在 大的 发展 取得

(60) * 爸爸努力工作，造成大家信赖的公司。——爸爸努力工作，将公司打造成了大家都信赖的企业。

아빠가 열심이 일해 다들 믿는 회사를 만들었다.

爸爸 努力 工作 大家 信赖的（把）公司 造成

例㉝主要是学生词汇量不够或没有掌握汉语动词用法所致，例⑩是词义感情色彩误用。"造成"在汉语中含有贬义，常常是造成不好的后果，而在韩国语中则没有褒贬，韩国学生受母语影响产生了偏误。

（三）形容词及形容词结构用法的偏误

1. 词性偏误

㉑ *爸爸非常可爱我。——爸爸非常爱我。
아빠가 나를 매우 사랑한다.
爸爸　我　非常　爱

㉒ *好长时间，我很满意我的生活。——很长时间以来，我对我的生活感到很满意。
나는 오랫동안 나의 생활을 만족하다.
我　好长时间 我的 生活　满意

㉓ *我抱歉我的父母。——我对不起我的父母。
나는　부모님께　미안하다.
我　我的父母对　对不起

㉔ *有的学生很偷懒。——有的学生很懒。
어떤　학생들은　매우 게으르다.
有的　学生（们）　很　懒

上述情况是韩国学生将汉语中的形容词和动词误用，导致偏误。

2. 形容词重叠偏误

㉕ *可现在，您不在我身边，我也慢会做饭、洗衣服。——可现在，您不在我身边，我也慢慢学会了做饭、洗衣服。
그러나 나의　곁에 당신이 없어도 나는 요리하는 것이나 빨래하는 것을 배웠다.
可　我的　（身）边　你　没有　我　做饭　　　洗衣服　　　学（会）

㉖ *如果提出来对他反对的意见的话，首先要好听那个意见，然后仔细考虑自己的。——如果提出反对他的意见的话，首先要好好听他的意见，然后仔细考虑自己的意见。

만약 그한테 반대 의견을 제기 하려면 우선 그의 의견을 잘
如果 对他 反对意见 提出 要……的话 首先 他的 意见 好
듣고나서 자기 의견을 자세하게 생각해야한다.
听(然后) 自己 意见 仔细的 考虑 应该

⑥⑦ * 现在树上的叶子绿绿了，很多花开着，刮风也不多了。——现在树叶绿了，花开了，也不常刮风了。
이제 잎도 푸르러지고 꽃도 피고 바람도 많지 않아졌다.
现在 树叶也 (变得)绿 花也 开 风也 多 不(变得)

⑥⑧ * 虽然孩子不吸烟，但是他们的肺像吸烟者一样黑黑。——虽然孩子不吸烟，但是他们的肺像吸烟者一样黑。
아이가 담배를 피우지 않 지만 그들의 허파가 흡연자 처럼
孩子 烟 抽 不 可是 他们的 肺 吸烟者 像……一样
까맣다.
黑

韩国学生没有掌握形容词重叠的用法，该重叠的没有重叠，而不该重叠的重叠了。

3. 用法偏误

先看例句：

⑥⑨ * 他很努力，所以他的汉语水平总是好。——他很努力，所以他的汉语水平总是很高。
그는 열심히 해서 중국어 실력은 항상 높다.
他 努力 做(因为) 汉语 水平 总是 高

⑦⑩ * 爸爸常常忙，每天晚回家。——爸爸常常很忙，每天很晚回家。
아빠가 항상 바쁘니까 매일 늦게 집에 온다.
爸爸 常常 忙(因为) 每天 晚 家 回

⑦① * 真没想到汉语这么太难！——真没想到汉语这么难！
중국어가 이렇게 어려울 거라고 참 생각지도 못했어.
汉语 这么 难 真 想到 没

⑫ *来中国后，他的身体比较胖胖的。——来中国后，他胖了。

　중국에　온　후에 그는 뚱뚱해졌다.

　中国　来　后　他（变得）胖

汉语中，一般情况下，形容词不单个使用。作谓语时一般应是一个短语，或者前边加上程度状语，或者后边加上程度补语。韩国学生不明白汉语形容词的这一特性，常产生类似例⑲、⑳这样的偏误。汉语形容词一般不受指代性质、程度的代词和程度副词的重复修饰，形容词重叠后也不再受程度副词修饰，因此例㉑、⑫中形容词用法出现偏误。

还有一种情况也属于学生在形容词使用上的偏误：

⑬ *朋友们都是很善良。——朋友们都很善良。

　친구들은 착하다.

　朋友们　善良

⑭ *从头到脚都是很脏。——从头到脚都很脏。

　머리부터 발까지 더럽다.

　头　从　脚到　脏

⑮ *这里的东西是很贵。——这里的东西很贵。

　여기의 물건은 비싸다.

　这里的　东西　贵

⑯ *北京的天气是很干。——北京的天气很干燥。

　북경의 날씨는 건조하다.

　北京的　天气　干燥

出现这种情况的可能原因是，韩国语陈述性的句子中常常使用"는/은"等主格助词，习惯于在陈述性句子中使用"是"。受此影响，韩国学生出现上述偏误。

下面例⑰、⑱属于形容词搭配偏误：

⑰ *那个经验给了我很大的印象。——那个经历给我留下了很深的印象。

　그 경험은 나에게 깊은 인상을 줬다.

　那个　经验　我（对）深的　印象　给

⑦⑧ * 你的声调很明确。——你的声调很准确。
　　너의 성조는 정확하다.
　　你的　声调　准确

（四）"了"的偏误

"了"是一个语法难点，韩国学生在"了"的使用上偏误率较高。现代汉语中"了"可以分为两个，一个是"了₁"，另一个是"了₂"。

"了₁"用在动词后面，表示动作的实现或完成。

"了₂"用在句子的末尾或句中停顿的地方，表示变化，表示出现新的情况。

（1）表示已经出现或将要出现某种情况：

下雨了。|春天了，桃花都开了。|他吃了饭了|天快黑了，今天去不成了。

（2）表示在某种条件之下出现某种情况：

天一下雨，我就不出门了。|你早来一天就见着他了。

（3）表示认识、想法、主张、行动等有变化：

我现在明白他的意思了。|他本来不想去，后来还是去了。

（4）表示催促或劝止：

走了，走了，不能再等了！|好了，不要老说这些事了！

汉语中的"了"是一种体标记，跟"时"没有关系，表过去、现在、将来时的句子都可以用"了"。许多韩国学生误以为"了"跟韩语的过去时制词尾"았(었/였)"一样，表示过去时态，因此产生很多偏误。比如：

⑦⑨ * 你在什么商店买了？——你在什么商店买的？
　　어느 가게에서 구입했습니까？
　　什么 商店在　买（过去时）？

⑧⓪ * 来北京后我常常病了。——来北京后我常常生病。
　　베이징에 온 뒤로 나는 자주 아팠다.
　　北京在　来后　我　经常　生病（过去时）

⑧① * 我们刚开始了。——我们刚开始。
　　우리는 방금 시작했다.
　　我们　刚　开始（过去时）

㉘ *我今天起得很晚了。——我今天起得很晚。
　　나는 오늘 늦게 일어났다.
　　我　今天　很晚　起床（过去时）
㉙ *我的汉语提高很快了。——我的汉语提高很快。
　　나의 중국어 실력은 빠르게 성장했다.
　　我的 汉语　能力　很快　提高（过去时）
㉚ *最近，我很努力学习了。——最近，我学习很努力。
　　최근에 나는 매우 열심히 공부했다.
　　最近　我　很　努力　学习（过去时）
㉛ *这次放假回国高兴了吗？——这次放假回国高兴吗？
　　이번 방학에 귀국해서 좋았죠？
　　这次　放假　回国　高兴（过去时）？

韩语的动词处于句末位置，表示时态的助词加在动词词尾上，因而韩国学生常常按照母语的习惯把"了"放在句子的最后。

下面我们分类谈一下韩国学生"了"的偏误：

1. "了₁" 方面的主要偏误

（1）否定句中误加"了"

汉语"了"的否定形式是"没"，所以有"没"的否定句中，动词后一般不加"了"。韩语中"었"与汉语的否定形式用法并不完全对应，因此，韩国学生常常在这个方面产生偏误。

㉜ *我没买了那个礼物。——我没买那个礼物。
　　나는 그 선물을 사지 않았다
　　我　那个　礼物　买　没（过去时）
㉝ *我没有看完了那本小说。——我没有看完那本小说。
　　나는 그 소설을 아직 다 보지 못했다.
　　我　那个小说　还　都　看　没有（过去时）
㉞ *星期天没有洗澡了。——（我）星期天没有洗澡。
　　일요일에 씻지 않았다.
　　星期天　洗澡　没有（过去时）

（2）在带谓词性宾语的动词、认知心理动词、非动作动词后加“了”

汉语句子中，动词带谓词性宾语，动词后一般不加“了”；认知心理动词（认为、觉得、喜欢、担心、伤心、希望、打算、爱①）后一般不用“了”，因为表示认知心理的动词不表示具体的动作，本身有持续的意义，不表示动作的实现。不表示具体动作的“是、像、有、在”等后面也不能加“了”，因为它们在句子中也不表示动作的实现。而韩国语中只要表过去都用“었”，因此韩国学生常常产生偏误。

(89) * 我们决定了去上海。——我们决定去上海。

우리는 상하이로 가기로 결정했다.

我们 上海 去 决定（过去时）

(90) * 我告诉了他我是韩国人。——我告诉他我是韩国人。

나는 그에게 한국사람이라고 말했다.

我 他对 韩国人 是 告诉（过去时）

(91) * 听说妈妈身体不好，我担心了妈妈。——听说妈妈身体不好，我很担心妈妈。

듣자니 어머니가 몸이 안 좋다고 하셔서，나는 어머니를 매우 걱정했다.

听说 妈妈 身体 不 好（表原因），我 妈妈 很 担心（过去时）。

(92) * 但是我那时候想了我是北大学生，我可以进去里边。——但是那时候我想我是北大学生，我可以进去。

하지만 그때당시 내가 북경대학생이 기에 안으로 들어갈

但是 当时 我 北京大学学生是（因为）里面 进去

수있다 고 생각했다.

可以 想（过去时）

(93) * 昨天我离开的时候，很多同学还在了教室。——昨天我离开的时候，很多同学还在教室。

어제 내가 떠날 때 많은 급우들이 교실에 남아있었다.

昨天 我 离开时 很多 同学们 教室在 还在（过去时）

（3）连动结构、兼语结构第一个动词后加“了”

汉语连动句中，“了”要放在主要动词（一般为第二个动词）后；兼语结构

① 不包括动词“忘”。

中虽然使令动词有实现的意义,但不用"了"。而韩语没有这样的限制,一般都用"었",有些学生产生了偏误。如:

㉔ *我去了买衣服。——我去买了(一件)衣服。
내가 가서 옷을 샀다.
我　去　衣服 买(过去时)

㉕ *那时候,哥哥陪了妈妈去医院。——那时候,哥哥陪妈妈去了医院。
그때 오빠는 어머니를 모시고 병원에 갔다.
那时候 哥哥　妈妈　陪　医院在 去(过去时)

③ *爸爸让了我来北大学汉语。——爸爸让我来北大学汉语。
아버지는 나를 베이징대학교에 와서 중국어를 공부하게 시켰다.
爸爸 我　北京大学　来　汉语　学习 让(过去时)

(4) 该用"了"而不用"了"

以上三种情况是"了"的使用不当,还有一种情况就是学生不会使用"了",该用"了"而不用"了"。比如:

㉖ *明天下课,我见面我的朋友。——明天下了课,我跟我的朋友见面。
내일 수업이 끝나고 나는 내 친구를 만날 것이다.
明天 课　下 我 我的 朋友 见面

㉗ *到北大,我们马上找房子。——到了北大,我们马上开始找房子。
베이징대학교에 도착해서 우리는 바로 방을 알아보기 시작했다.
北京大学　在 到　我 马上 房间 找 开始(过去时)

㉘ *吃晚饭以后,我们很多照片。——吃完晚饭以后,我们照了很多照片。
저녁을 먹고 난 뒤에 우리는 사진을 많이 찍었다.
晚饭 吃以后　我们 照片 很多 拍(过去时)

2. "了$_2$"方面的主要偏误

(1) 滥用"了$_2$"

韩国学生使用"了$_2$"的偏误主要表现在过度泛化上,也就是大部分属于不该用而滥用的偏误。

⑨ *爸爸每天喝酒了。——爸爸每天喝酒。

아버지는 매일 술을 드신다.

爸爸　　每天　　酒　　喝

⑩ *我回家的时候,妈妈正在看电视了。——我回家的时候,妈妈正在看电视。

집으로 돌아왔을 때 어머니는 TV를 보고 계셨다.

　家　　回来的时候　妈妈　　电视　看　在（过去时）

⑩ *三年前我开始学习汉语了。——三年前我开始学习汉语。

3년 전에 나는 중국어 공부를 시작했다.

三年　前　我　汉语　学习　开始（过去时）

⑩ *我2000年结婚了,现在有两个孩子。——我2000年结婚,现在有两个孩子。

나는 2000년에 결혼했고 현재 두 명의 아이가 있다.

　我　2000年在　结婚（过去时）现在　两　个的　孩子　有（过去时）

⑩ *上个学期,我和同屋互相学习了。——上个学期,我和同屋互相学习。

지난 학기 나와 룸메이트는 서로 공부했다.

　上个　学期　我和　同屋　　互相　学习（过去时）

⑩ *刚到北京的时候,中国人说话的时候我听不懂了。——刚到北京的时候,中国人说话我听不懂。

베이징에 막 도착했을때 중국사람이 하는 말을 나는 알아듣지 못했다.

　北京在　刚　到了的时候　中国人　　说的话　我　听懂　不（过去时）

⑩ *看到同屋女朋友跟一起,我很吃惊了。——看到同屋跟女朋友在一起,我很吃惊。

룸메이트가 여자친구와 함께 있는 모습을 보고 나는 매우 놀랐다.

　　同屋　女朋友和　一起　在的　样子　看　我　很　吃惊（过去时）

⑩ *老师的课真有意思了。——老师的课真有意思。

선생님의 수업은 매우 재미있었다.

　老师的　　课　真　有意思（过去时）

⑩ *这次的事情很糟糕了。——这次的事情很糟糕。

이번 일은 엉망이 되었다.

　这次　事情　糟糕　（过去时）

⑩⑧＊妈妈给我们四个孩子做饭，很辛苦了。——妈妈给我们四个孩子做饭，很辛苦。

　　어머니는 우리 네 명에게 밥을 해주셨는데， 매우 수고스러운 일이었다．
　　妈妈　　我们　四个人给 饭 做给（过去时）很　　辛苦的　　事情 是

　　上述句子，由于都发生在过去，所以韩语都用"었"，汉语则不一定用"了"。例⑨⑨句，汉语句子中含有"常常、经常、通常、往往、总是、从来、向来、始终、一向、每、一直、不时、不断"等表示持续性的副词或时间词的时候，由于谓语动词一般不表示动作的实现，所以句子后不加"了"。例⑩⑩句，汉语的进行状态也不表示动作的实现，不用"了"。例⑩①句，汉语句子中动词前含有"开始"、"刚刚"、"刚"、"才"等表示起始或近时的动词或副词，句子也不用"了"。 ⑩②—⑩⑤句中只陈述描写了一种情况、状态或心情，一般不用"了"。"程度副词＋形容词"作谓语常常是对情状的描摹和评价，没有变化的意义，所以⑩⑥—⑩⑧的"了"属于误加，可以去掉"了"表示对情状的评价①。

　　（2）遗漏"了₂"

　　有时学生误认为"了"是表示过去的助词，所以在表示现在或将来的句子或形容词谓语句等非时间句中遗漏"了"。如：

⑩⑨＊我们就明天放假。——我们明天就放假了。
　　우리는 내일이 곧 방학이다．
　　　我们　明天　就　　放假
⑩＊妹妹快要结婚。——妹妹快要结婚了。
　　여동생이 곧 있으면 결혼한다．
　　　妹妹　　快要　　　结婚
⑪＊老师说太快！——老师说得太快了！
　　선생님 말씀이 너무 빠르십니다！
　　老师　　说话　太　　快

---

① 形容词有时可表示情况的变化，如：天气冷了、树叶绿了。但实际上，这时的形容词已经转化成动词了，一般不能再受程度副词的修饰，因此这些句子也可以去掉程度副词表示情况的变化。

还有，汉语中"不/没+动词"表示状态的改变时，后面要加"了"，这个时候韩语常常不用"었"，韩国学生有时产生偏误。如：

⑫ *刚开始的时候，我每天打工，最近不打工。——刚开始的时候，我每天打工，最近不打工了。
처음에　　　나는 매일 아르바이트를 했는데　요즘에는 아르바이트를
开始的时候　我　每天　打工(名词)做(过去时)　最近　打工(名词)
하지 않는다.
不做

⑬ *我买了很多衣服，现在没钱。——我买了很多衣服，现在没钱了。
나는 옷을 많이 사버려서 지금　돈이　　없다.
我　衣服　多　买　　现在　钱　没有

3. "了₁"、"了₂"的混用

有的时候学生不知道"了₁"、"了₂"的区别，常常将"了₁"、"了₂"混用，如：

⑭ 上个星期，老师批评了我。
지난 주에 선생님은 나를 꾸짖으셨다.
上个星期　老师　　我　批评(过去时)

⑮ 在北京的时候，我们去了故宫。
베이징에 있을 때 우리는 고궁에 갔다.
北京　在的时候　我们　故宫 去(过去时)

一般而言，"动词+了₁"的句子不具备完句功能，因此上述句子，从单个句子上讲似乎没有问题，但从篇章上讲，这两个句子不能成立，应该有辅助信息才能成立。如：

⑯ 上个星期，因为没交作业，老师批评了我。
지난 주에 과제를 제출하 지 않아 선생님께서 꾸짖으셨다.
上个星期　作业　　交　没　老师　批评(过去时)

⑰ 在北京的时候，我们去了故宫，还去了颐和园，那些地方很有意思。

베이징에 있을 때 우리는 고궁과 이화원에 갔다. 그곳들은 매우

北京 在时 我们 故宫 和 颐和园 去了 那些地方 很

재미있었다.

有意思（过去时）

"了₂"具有完句功能，所以可以将句中"了₁"改为"了₂"：

⑱ 上个星期，老师批评我了。

저번 주에 선생님은 나를 꾸짖으셨다.

上个星期 老师 我 批评（过去时）

⑲ 在北京的时候，我们去故宫了。

베이징에 있을 때 우리는 고궁에 갔다.

北京 在 当 我们 故宫 去（过去时）

此外还有其他方面的偏误，如学生在语体上的偏误等，一般口语体比书面语体更倾向于用"了"等，这里不再详述。

（五）助词"的"的偏误

助词"的"是汉语使用频率最高的词，一些韩国学生常常出现偏误。

1. 受母语干扰

（1）遗漏"的"

一些学生认为汉语结构助词"的"和韩语"의、ㄴ"一致，如：我的朋友（나의 친구）、可爱的孩子（귀여운 아이）。有的韩国学生常常觉得韩语表达不用"의、ㄴ"，汉语也不用"的"。

⑳ *我已经当时失败中吸取了这样的教训。——我已经从当时的失败中吸取了这样的教训。

나는 이미 당시（의） 실패 중 이러한 교훈을 얻었다.

我 已经 当时（的） 失败 中 这样的 教训 得到（吸取）

第二章　语法教学的技巧与方法

⑫ *那些资金来源于我们国民。——那些资金来源于我们的国民。
　　그　자금은 우리　국민에서　온다.
　　那些 资金　我们　国民从　来
⑫ *特别是自己事非自己干不可。——特别是自己的事非自己干不可。
　　특히　자기 일은 자기가 하지 않으면 안된다.
　　特别是 自己　事　自己　不做　的话　不行

（2）误加"的"

与以上情况一样，韩国学生将汉语结构助词"的"与韩语"의、ㄴ"混同，受母语的负迁移影响，以为说韩语时用"의、ㄴ"，说汉语时也用"的"。

⑫ *我的军队生活过了一段的时间以后，我也逐渐适应了。——我在军队生活过了一段时间以后，我也逐渐适应了。
　　나의　군대 생활은 일정한　시간이 지난후 내가 점점 적응해졌어요.
　　我的　军队 生活　一段的　时间　过后　我 渐渐　适应
⑫ *而且用一点的农药绝不会损害人们的健康。——而且用一点农药绝不会损害人们的健康。
　　또한 약간의 농약을 사용하면 절대　사람의 건강을 상하지 않을 것이다.
　　而且 一点的　农药　用的话　　绝对 人们的　健康　损害　不　是
⑫ *外祖父无可奈何地允许了他们的结婚。——外祖父无可奈何地允许了他们结婚。
　　외할아버지가 어쩔 수없이　그들의　결혼을 허락했다.
　　　外祖父　　无可奈何地 他们的　结婚　允许
⑫ *他很谦虚，周到地帮助我的学习。——他很谦虚，帮助我学习很周到。
　　그는 겸손하고 나의 공부를 세심하게 도와준다.
　　　他　谦虚　我的　学习　周到地　帮助

此外，还有一种情况与上述不同，就是韩国人表示强调的时候常常说"～것이다"，有时学生欲表示强调也常常加"的"或"是……的"。

⑫ *我们能组织成一个美好的家庭的。——我们能组成一个美好的家庭。
　　우리는 아름다운 가정을 만들수 있을　것이다.
　　我们　美好的　家庭　组成 可以的　会是

59

⑫⑧ *他想出来一个办法是装病的。──他想出来一个办法,就是装病。
그가 생각해낸 방법은 꾀병을 부리는 것이다.
他 想出来的 方法 装病的 是

2. 没有掌握好汉语"的"的用法

汉语"的"的用法比较复杂,如可以附着在词或短语之后,构成"的"字结构,代替所指的人或物;还可以用在陈述句的末尾,表示肯定的语气等等。有时韩国学生没有掌握好"的"的用法,导致遗漏或误加的偏误。如:

⑫⑨ *其中,最可行就是用化肥和农药种植农作物。──其中,最可行的就是用化肥和农药种植农作物。
그 중에 가장 가능한 것은 바로 화학비료와 농약을 사용해서 농작물을
其中 最 可能的 就 化肥和 农药 用 农作物
재배하는 것이다.
种植 是

⑬⓪ *从客观的角度上说是最伟大。──从客观的角度上说这是最伟大的。
객관적인 입장에서 말하면(이것은) 가장 위대한 것이다.
客观的 角度从 说的话 这 最 伟大的 的是

⑬① *我们值得注意是上面说的……──值得我们注意的是上面说的……
우리가 주의해야 할 것은 위에 말하는 것…
我们 注意 得的 的 上面 说 的

⑬② *有一点污染的香喷喷的大米饭又有什么不吃呢?──香喷喷的大米饭哪怕脏点儿又怎么不能吃呢?
약간 오염된 향기로운 쌀밥을 먹지 않을게 뭐가 있느냐?
有一点 污染的 香喷喷的 大米饭 不吃 的什么 有

⑬③ *你们的大女儿会坚持下去,取得好成绩。──你们的大女儿坚持下去的话,会取得好成绩的。
당신들의 큰딸이 끝까지 열심히 하면 좋은 성적을 얻을 것이다.
你们 的 大女儿 到底 努力 做的话 好的 成绩 取得的 会是

⑬④ *有些人因为这歌流行的就不听，还说流行歌曲不好听。——有些人因为这歌流行就不听，还说流行歌曲不好听。

어떤 사람들은 이 노래가 유행하는 것이라고 듣지 않고 유행 노래 듣기가
有些　人们　这　歌　流行的　是因为　听　不　流行歌曲　听
좋지 않다고 말했다.
好　不　　说

（六）介词及介词短语的偏误

韩国学生介词学习是一个难点，错误较多，表现为：

1. 介词语序偏误

汉语属于孤立语，有时是通过一些介词来表示各个词之间的语法关系，介词要放在名词的前面，与名词组成介宾结构，这些介宾结构一般位于动词谓语前作状语。但韩语则用词尾来表示各个词之间的语法关系，而词尾都必须加在词的后边。如：

⑬⑤ 我们在大田开会。

우리는 대전시에서 회의를 합니다.
我们　　大田在　　会议　开

韩国学生出现汉语介词语序偏误主要是受韩语语序的影响，将汉语介词放在了体词性成分之后，如下面例⑬⑥—⑬⑨。也有一些介词结构的语序偏误，主要是由于学生不知道汉语介词结构要放在谓语前边而造成，如下面⑭⓪—⑭②。

⑬⑥ *他和爷爷奶奶一起首尔住在。——他和爷爷奶奶一起住在首尔。

그는 할아버지, 할머니와 함께 서울에 산다.
他　爷爷　奶奶　和　一起　首尔在　住

⑬⑦ *今天晚上王老师跟一起吃饭吧。——今天晚上（我们）跟王老师一起吃饭吧。

오늘 저녁 왕선생님과 함께 저녁 먹자.
今天　晚上　王老师跟　一起　晚饭　吃

⑬⑧ *这里的天气首尔跟一样。——这里的天气跟首尔一样。

이곳의 날씨는 서울과 같다.
这里的　天气　首尔跟　一样

⑬⑨ *我们见面北大东门在。——我们在北大东门见面。

　　우리 베이징대학교 동문에서 보자.

　　我们　北京大学　东门　在　见面

⑭⓪ *妈妈去欧洲，买给我很多礼物。——妈妈去欧洲，给我买了很多礼物。

　　어머니는 유럽에 갔다 오시면서 나에게 많은 선물을 사다 주셨다.

　　妈妈　欧洲　去　回来　我对　很多　礼物　买　给

⑭① *我学习汉语跟张老师。——我跟张老师学习汉语。

　　나는 장선생님과 함께 중국어 공부를 했다.

　　我　张老师跟　一起　汉语　学习

⑭② *刚才来了，不熟悉对别的同事。——我刚来，对别的同事不熟悉。

　　온지 얼마안되서 다른 동료들을 잘 몰랐었다.

　　来　不久　别的　同事们　不 熟悉

2. 误加介词

韩国语是黏着语，助词和词尾很丰富，施事、受事、时间、处所等各种语义角色都有标志，受母语影响，韩国学生习惯在跟时间、空间、对象等意义有关的词语前面加上一个介词，如下面⑭③—⑭⑦；也有时韩国学生不能区分汉语的及物动词和不及物动词，造成介词误加的偏误。这些偏误既有母语负迁移作用的影响，也有汉语动词没掌握好而过度类推所致，如下面⑭⑧—⑮②。

⑭③ *我在 1999 年去北京。——我 1999 年去的北京。

　　나는 1999 년 베이징에 갔다.

　　我　1999 年　北京　去

⑭④ *你在哪儿不舒服？——你哪儿不舒服？

　　어디가 아프십니까？

　　哪儿　不舒服？

⑭⑤ *我到在这儿的时候，刚 8 点了。——我到这儿的时候，刚 8 点。

　　여기에 도착하자 8 시가 되었다.

　　这儿　到　　　8 点

⑭⑥ * 回家想一想,在下次课发表。——回家想一想,下次课做报告。

집에 가서 생각해 봐, 다음 수업에 발표해라.

家　　去　想一想　　下次　课在　　发表

⑭⑦ * 关于这部分准备的话,会得到好结果。——准备这部分的话,会有一个好结果。

이 부분을 준비하면 좋은 결과를 얻을 수 있을 것이다.

这 部分　准备的话　好的　结果　得到　 会　 的

⑭⑧ * 我要对你们问。——我要问你们。

내가 너희에게 물어볼게 있다.

我　你们 对　要问的　 有

⑭⑨ * 这件事同屋跟我告诉过好几次了。——这件事同屋告诉我好几次了。

이 일은 룸메이트가 나한테 여러 번 말했었다.

这　事　同屋　　我对　好几次　告诉

⑮⓪ * 我对我的朋友教过汉语。——我教过我的朋友汉语。

나는 내 친구에게 중국어를 가르쳐 본적이 있다.

我 我的 朋友对　汉语　 教　 过　 有

⑮① * 我要帮助对汉语有困难的学生。——我要帮助汉语有困难的学生。

나는 중국어를 어려워하는 학생들에게 도움을 주고 싶다.

我　汉语　 困难的　 学生们对　帮助　给　 想

⑮② * 很抱歉对老师和同学们。——对不起老师和同学们。

선생님과 반친구들에게 매우 미안하다.

老师 和　同学们 对　很　抱歉

3. 遗漏介词

由于韩语中与汉语介词结构相关结构的语序是"宾语+助词",韩国学生不能摆脱母语思维的影响,常常先写出宾语,再进一步表述时就省略或忽略了介词,如下面例⑮③——⑮⑤。有时韩国学生不能区分汉语的及物动词和不及物动词,在使用不及物动词时,也会造成介词遗漏,如下面例⑮⑥——⑯⓪。也有时学生不太清楚汉语的表达方式,临时遗漏了介词,如下面例⑯①——⑯②。

⑮³ *朋友2002年来青岛,一直韩国公司工作。——朋友2002年来青岛,一直在韩国公司工作。

친구는 2002년에 청도에 온후로 계속 한국회사에서 일하고 있다.

朋友　2002年　青岛　来以后 一直　韩国　公司 在　工作　着

⑮⁴ *晚上,我们想那个食堂吃饭。——晚上,我们想在那个食堂吃饭。

우리는 저녁에 그 식당에서 밥을 먹고 싶다.

我们　晚上 那个 食堂 在　饭 吃　想

⑮⁵ *我没有想到他那样不礼貌的话问我。——我没有想到他用那样不礼貌的话问我。

나는 그가 그렇게 무례한 말투로 나에게 물어볼 것이라고는

　我　他　那样 不礼貌 的话 我对　　问

생각지도 못했다.

　没想到

⑮⁶ *我感兴趣中国。——我对中国感兴趣。

나는 중국에 관심이 있다.

　我　中国对 兴趣　有

⑮⁷ *我马上回去,联络女朋友。——我马上回去,跟女朋友联系。

나는 바로 돌아가 여자친구에게 연락했다.

　我 马上 回去　女朋友 对　联系

⑮⁸ *韩国的泡菜都进口中国。——韩国的泡菜都从中国进口。

한국의 김치는 모두 중국에서 수입한다.

　韩国的 泡菜　都　中国　从 进口

⑮⁹ *我打工了中国翻译方面的工作。——我在和汉语翻译有关的公司打工。

나는 중국어 번역 관련 아르바이트를 했었다.

　我　汉语　翻译 相关的 打工（名词）　做

⑯⁰ *去中国后,我加深了解了中国文化。——去中国后,我对中国文化的了解加深了。

중국에 간 후에 나는 중국문화에 대한 이해가 깊어졌다.

　中国　去 以后 我　中国文化　关于 理解　深

⑯¹ *老师，请等那边。——老师，请在那边等。

선생님 저쪽에서 기다려 주십시오.

老师　那边在　　等　　请

⑯² *这些书应该放桌子。——这些书应该放在桌子上。

이 책들은 책상에 올려놓아야 한다.

这些书　桌子上　放　　应该

4. 错用介词

韩语属于黏着语，语法意义上，韩语的助词跟汉语的介词并不完全对应，如：韩语的助词"……에"、"……에게"、"……에서"等可以表示空间、时间、方向、目的、对象、原因等意义，一个韩语助词常常可以对译汉语的多个介词。我们看"–에게"：

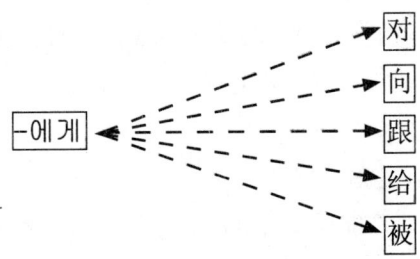

韩国学生错用汉语介词，主要是受母语的影响或不能辨别汉语介词的用法。

⑯³ *我希望我说的话给你们很多帮忙。——我希望我说的话,对你们有很多帮助。

나는 내가 하는 말이 너희들에게 많은 도움이 되었으면 좋겠다.

我　我说的　话　你们　对　多　帮助　……的话多好啊

⑯⁴ *现在的课比以前的课不一样。——现在的课跟以前的课不一样。

지금 수업은 예전 수업과 다르다.

现在　课　以前 课　和 不一样。

⑯⁵ *那时候爷爷很可怜，把我爸爸一起生活。——那时候爷爷很可怜，跟我爸爸一起生活。

그때 불쌍한 할아버지는 아버지와 함께 생활했다.

那时候 可怜的　爷爷　　爸爸和　一起　生活

⑯ *我从学习汉语就一直想怎么教好汉语。——我从学习汉语起,就一直想怎么教好汉语。

　나는 중국어공부를 시작할 때부터 줄곧 어떻게 하면　중국어를 .
　我　　汉语学习　开始的时候从　一直　怎么　做的话　汉语

　잘 가르칠 수 있을지 생각했다 .
　好　教　　可以　　　想

韩国学生在介词结构学习中,还有其他方面的偏误,如把字句偏误、被字句偏误、连字句偏误等,其中有的情况也属于介词结构的语序偏误,这些我们将在后面专门探讨。

（七）把字句的偏误

把字句是汉语独特的句式,基本格式是:"NP_1(施事)+ 把 +NP_2(受事)+ VP+ 其他"。一般在强调动作对引进的受事给予积极的影响,使它产生某种结果、发生某种变化或处于某种状态时,才能用"把"字句。

把字句使用规则:

(1)"把"的宾语都是确定的;

(2)"把"字句动词不能是单个动词,后面一般要求接其他成分,这类成分包括:动词重叠式、动态助词"了"、补语、宾语等;

(3) 一些动词不能用于"把"字句,如:感觉认知动词（看见、听见、闻见、感到、感觉、觉得、以为、认为、知道、懂等）,存在等同动词（有、在、是;不如、等于、像等）,心理动词（同意、讨厌、生气、关心、怕、愿意等）,身体状态动词（站、坐、躺、蹲、趴、跪等）,趋向动词（来、去、上、下、起来、过去等）;

(4) 副词、助动词要放在"把"的前边,而不能放在动词的前边。

1. 韩国学生初学时不太习惯把字句的用法,常常会出现主要动词、修饰成分以及语序等方面偏误的现象。

⑰ *他把那些东西都掉了。——他把那些东西都丢掉了。

　그는 그 물건들을 모두 버려버렸다 .

　他 那些 东西　都　丢掉

⑯ *女朋友从机场把我回到五道口。——女朋友把我从机场接到五道口。

여자친구가 공항에서부터 우다코우까지 나를 데려다 주었다.

女朋友　机场在　从　五道口　到　我　接

⑲ *我把作业应该做完。——我应该把作业做完。

나는 과제를 다 해야 한다.

我　作业　都　做应该

⑳ *你把每天的工作没有安排好。——你没有把每天的工作安排好。

너는 매일 해야 할 일들을 제대로 계획하지 않았다.

你　每天做要　事情　好　安排　没有

㉑ *哥哥把车站送到朋友了。——哥哥把朋友送到车站了。

오빠(형)는 친구를 정류장까지 데려다 주었다.

哥哥　朋友　车站　到　送

以上偏误是韩国学生没有充分掌握好把字句的语法规则所致。

2. 还有一种情况就是韩国学生受不当教学的误导而滥用把字句，如：

㉒ *他把汉语很努力学习。——他学习汉语很努力。

그는 열심히 중국어 공부를 한다.

他　努力　汉语　学习

㉓ *我和朋友把电影看。——我和朋友看电影。

나는 친구와 영화를 보았다.

我　朋友和　电影　看

㉔ *把生词掌握后，把它会说会写。——掌握生词后，要会说会写。

단어의 의미를 이해하고 말하고 쓸 수 있어야 한다.

生词的　意思　理解　说和　写　会　要

㉕ *我把汉语选择我的专业课。——我选择汉语作为我的专业课。

나는 중국어를 전공으로 선택했다.

我　汉语　专业作为　选择

产生以上偏误的原因是受教学方面的误导，韩国一些教科书常常将"把"字句翻译成"주어 + 명사(목적어)+ 을/를 + 동사"这样的格式，如：

67

⑯ 我把书放在桌子上。

　　나는 책을 책상위에 놓는다.

⑰ 我把饭吃光了。

　　나는 밥을 다 먹었다.

因此一些韩国学生认为，大多数的把字句中的"把"可以翻译成"……을/를"，从而造成以上偏误。

3. 更多的情况是，学生回避把字句，因此许多情况下学生该用把字句而不用。比如：

⑱ *他放行李在外面。——他把行李放在外面。

　　그는 짐가방을 밖에 두었다.

　　他　行李　外面　放

⑲ *请你礼物给明浩。——请你把礼物带给明浩。

　　선물을 명호에게 가져다주세요.

　　礼物　明浩给　带　请

⑳ *老师翻译那文章成中文的。——老师把那篇文章翻译成中文了。

　　선생님은 그 문장을 중국어로 번역하셨다.

　　老师　那　文章　汉语　用　翻译

㉑ *人们都看做她老师。——人们都把她看做老师。

　　사람들은 모두 그녀를 선생님으로 본다.

　　人们　都　她　老师作为　看

㉒ *大家干干净净打扫教室的。——大家把教室打扫得干干净净。

　　다같이　교실을 깨끗하게　청소했다.

　　大家一起　教室　干干净净地　打扫

㉓ *我的笔破了，请你的笔我借一下好吗？——我的笔坏了，请把你的笔借我用一下好吗？

　　제　펜이 고장 났어요. 당신의 펜을 빌려주시겠어요？

　　我的　笔　坏　　　你的　笔　借一下　好吗？

⑱⁴ *用了两个月的时间，我这件事终于完成了。——用了两个月的时间，我终于把这件事做完了。

　　2 달이라는 시간안에 이 일을 마침내 다 끝냈다.

　　　两个月　　时间内　这件事　终于　　都　完成

⑱⁵ *她这本书还给同屋了。——她把这本书还给同屋了。

　　그녀는 이 책을 룸메이트에게 돌려주었다.

　　　她　　　这　书　　同屋　给　　　　还

（八）被动句的偏误

汉语中，一些句子表示被动意义，这些句子的施事大多用介词"被"或"叫"、"让"等引进，句子的主语是动作的受事。基本格式："NP_1（受事）+ 被 +NP_2（施事）+VP+ 其他"。

使用被动句要注意下面几点：

1）被动句大多表示消极意义。

2）被动句和把字句一样，动词都是具有处置意义的动词。能进入被动句的动词比把字句范围稍大一些，如"看见"、"听见"等感觉动词，"知道"、"认为"等认知动词可以进入"被"字句。但是，表示人体自身部位动作的动词一般不用于被动句。例如：举（手）、抬（头）、踢（腿）、睁（眼）等。

3）被动句的 NP_1 即受事是确指的。

4）被动句谓语不能是单个动词，动词后要有表示结果的补语或其他成分。

5）有"被"的被动句的 NP_2 有时可以不出现，但如果用"叫"、"让"等代替"被"，句子的 NP_2 则必须出现。

6）被动句表示否定意义时，否定词应在"被"前。

韩国语的被动式有以下三种结构：

（1）N+이+ V

（2）N_1+이+N_2+에게+V

（3）N_1+이+N_2+에게+N_3+을 / 를+V

其结构语义等要求与汉语有不一致之处。有的时候，学生由于受母语的负迁移影响而造成偏误。如：

69

⑯ *一个手机被他摔坏了。——那部手机被他摔坏了。
　핸드폰 한대 그에게 던져서 고장났다.
　 手机　一台　他被　摔　　坏

⑰ *钱包他被弄坏了。——钱包被他弄坏了。
　지갑이 그로인해 망가졌다.
　 钱包　他　被　　坏

⑱ *衣服被同屋脏了。——衣服被同屋弄脏了。
　옷이 룸메이트에게 더럽혀졌다.
　 衣服　同屋　　被　　脏

先看例⑯，韩语的 NP_1 可以是不确指的体词性单位，可是汉语的 NP_1 一定要由确指的体词性单位来充当，因此学生受母语影响产生偏误。

例⑰、⑱中学生除了受母语语序影响，将"被"放错位置（例⑰）外，主要是 VP 也出现偏误。韩语的被动句可以只出现语义指向受事 NP_1 的 VP，不出现指向施事 NP_2 的 VP，但汉语被动句不能不出现语义指向 NP_2 的 VP，否则就会变成不合法的句子。如：

⑲ *灰尘被风起来了。（柳英绿，2000）——灰尘被风刮起来了。
　먼지가 바람에 날린다.
　 灰尘　风被　起来

我们再看偏误的例子：

⑳ *一个洞衣服上被烧了。——衣服上被烧了一个洞。
　옷에 구멍 하나가 뚫렸다.
　 衣服上 洞　一个　被烧

韩语与汉语被动句 NP_1[①]的第二个不同点是：汉语 NP_1 可以由处所性词语来充当，但韩语的 NP_1 则不能由处所性词语充当（柳英绿，2000），所以学生出现例⑳偏误。

---

① NP_1 在韩语中的位置和汉语一样，但在韩语中并不被看作是 NP_1，而被看作是被动句的一个部分。感谢研究生叶恩贤指正。这里为了便于中国读者理解，权且称为 NP_1。

第二章 语法教学的技巧与方法

还有的情况是学生没有完全掌握汉语被动句的用法出现偏误,如:

⑪ *他被电脑修好了。——电脑被他修好了。
그가 컴퓨터를 수리했다.
他　　电脑　　修好

⑫ *运动员被大家举了。——运动员被大家举了起来。
사람들이 운동선수를 들어올렸다.
大家　　运动员　　举

⑬ *我昨天让骗了。——我昨天让人骗了。
나는 어제 속았다.
我　昨天　让骗

应该特别强调的是,汉语并不是所有表示被动的句子都要用"被"或"叫"、"让"引进施事,也有很多表示被动的句子并不用"被"或"叫"、"让"。一般来说,如果主语(受事)为无生命名词,句子不倾向于表示消极意义,那么就不用"被"或"叫"、"让"。

有的时候韩国学生没有掌握这一特点,将汉语被字句的使用泛化,把本来不用标记的被动句加上"被"字。如:

⑭ *面包被吃完了。——面包吃完了。
빵을 다 먹었다.
面包　完　吃

⑮ *上星期,我的钱包被丢了。——上星期,我的钱包丢了。
지난주에 내 지갑을 잃어버렸다.
上星期　我的　钱包　　丢

⑯ *衣服被洗干净了。——衣服洗干净了。
옷이 깨끗하게 빨렸다.
衣服　干净地　洗了

⑰ *去年,爸爸的病被治好了。——去年,爸爸的病治好了。
작년에 아버지의 병이 치료되었다.
去年　爸爸的　病　　治好

71

⑱ *这个事被女朋友感动了。——这件事感动了女朋友。

여자친구는 이 일에 감동받았다.

女朋友　这件事　感动受到

也有一种情况,就是句子表示消极意义,应该用"被"字可是学生没有用。如:

⑲ *在北京的时候,家人担心我传染。——在北京的时候,家人担心我被传染。

베이징에 있을 때 가족들은 내가 전염 될까봐 걱정하셨다.

北京　在的时候　家人　我　被传染　　担心

(九)"连"字句的偏误

"连"字句是汉语中表示强调的句式,其基本格式是"名词+连+体词/谓词(强调部分)+都/也+动词结构"。韩国学生有时没有掌握"连"字句的用法,出现一些偏误。如:

⑳ *他很有感兴趣,连什么东西都买。——他很感兴趣,什么东西都买。

그는 매우 관심을 가지고 어떤 물건이든 모두 구입하였다.

他　很　感兴趣　　什么　东西　都　买

㉑ *爸爸很忙,晚上连一分钟也没休息工作。——爸爸很忙,晚上连一分钟也没休息,继续工作。

아버지는 매우 바쁘셔서 저녁에 쉴틈도 없이 계속 일하셨다.

爸爸　很　忙　　晚上　休息空也　没有　继续　工作

㉒ *早上我8点起床,我连饭都不吃出发了。——早上我8点起床,连饭都没吃就出发了。

나는 아침 8시에 일어나서 밥도 안 먹고 출발했다.

我　早上8点　起床　饭也　没吃　出发

㉓ *我们很累,连洗澡都不洗就睡觉了。——我们很累,连澡都没洗就睡觉了。

우리는 너무 피곤해서 씻지도 않고 잤다.

我们　很　累　洗都　没　睡觉

例⑳是用疑问代词"什么"强调的句子,因此可以不用"连"字句再强调了。例㉑、㉒是"连"字句与后续句杂糅,应该将其分开表达。例㉓学生不知道离合词"洗澡"的特殊用法,"连"字句应该将离合词后项成分提前。

(十)"除了"句的偏误

汉语"除了"句有两种:
(1) 除了……(以外/之外/外),还/也……,表示添加;
(2) 除了……(以外/之外/外),都/全……,表示排除。
有的时候学生不知道这种区别和用法,造成偏误。

㉔ *除了中国菜,我都喜欢法国菜。——除了中国菜,我还喜欢法国菜。
　　우리는 중국음식말고 프랑스음식도 좋아한다.
　　我们　中国菜　除了　法国菜　也　喜欢

㉕ *除了上海,什么地方你还去过?——除了上海,你还去过什么地方?
　　당신은 상하이말고 또 어디를 가보셨습니까?
　　你　上海　除了　还　什么地方　去过?

㉖ *除了麻婆豆腐以外,我都喜欢任何中国菜。——除了麻婆豆腐以外,任何中国菜我都喜欢。
　　나는 마포또우푸를 제외하고 모든 중국 음식을 좋아한다.
　　我　麻婆豆腐　除外　任何　中国　菜　喜欢

例㉔是将这两种格式混淆;例㉕、㉖是学生用法的偏误。

汉语中这两种"除了"句用法不同,表添加关系的"除了"句中的动词如果有语义上的受事,一般要求受事跟在谓语动词后边,而不能放在谓语动词的前头,如例㉕。

表示排除义的"除了"句不能用于主语是单数的句子,当具有周遍性的词语作谓语动词的受事时,可用"都/全"表排除关系,但周遍性词语不能放在动词之后作宾语,必须放在前面作周遍性主语,如例㉖。

(十一)比较句的偏误

1. 语序偏误

先看例句:

⑳⑦ *比我你好。——你比我好。

너가 나보다 낫다.

你　我　比　好

⑳⑧ *你汉语流利比我。——你的汉语比我流利。

너는 나보다 중국어가 유창하다.

你　我　比　汉语　流利

⑳⑨ *我教高中学生时满足比教别的学生。——我教高中学生比教别的学生更有成就感。

나는 다른 학생을 가르칠 때보다 고등학생을 가르치는것이 더 만족감이 있다.

我　别的学生　教的时候　比　高中学生　教的　更　满足感　有

⑳⑩ *跟姐姐的衣服她的衣服一样。——姐姐的衣服跟她的衣服一样。

언니의 옷 과 그녀의 옷은 같다.

姐姐的衣服　跟　她的　衣服　一样

⑳⑪ *这座山那座山一样高。——这座山跟那座山一样高。

이 산은 저 산 같이 높다.

这座山　那　山　一样　高

汉语"A 比 B+ 形容词"的比较句，用韩语表达时一般语序为"A+B+ 比 + 形容词"，如：

⑳⑫ 상하이는 베이징보다 크다.

　　上海　　北京　　比　大

但是，因为韩国语有格标记，所以其语序比较灵活。如"你比我好"的语序可以是类似例⑳⑫的一般语序，如：

⑳⑬ 너는 나 보다 좋다.

　　你　我　比　好

也可以是下例语序①：

---

① 感谢首尔大学安英姬教授指出这一点。

㉔ 나 보다 네가 좋다.
　　我　比　你　好

因此韩国学生尤其是初学者受母语影响，常常出现语序混乱，造成例句㉗、㉘、㉙的偏误。

韩语表达"A跟B一样"时，主要有以下几种方式：A 는 B 와 / 과 같다; A 는 B 와 / 과 비슷하다; A 는 B 와 / 과 마찬가지다。如：

㉕ 이 옷은 그 옷과 같다.
　　这 衣服 那 衣服跟 一样

韩国学生按照母语语序造句,虽然学了"跟……一样"的句式,但不知道"跟"应该具体放在什么位置，因此就出现了例㉑的偏误。

汉语中"A跟B一样+形容词"这类比较句的句式，韩语常表达为"A 는 B 만큼 + 形容词"或"A 는 B 처럼 + 形容词"。如：

㉖ 이산은　저산만큼　높다.（这座山和那座山一样高。）
　　这山　那山一样　高

韩国学生受母语的干扰，出现例㉑的偏误。

2. 定语中心语省略偏误

㉗ *他的跟我的书一样。——他的书跟我的（书）一样。
　　그의 책과 나의 책은 같다.
　　他的 书跟 我的 书　一样

汉语中，表示比较的A、B两项短语，如果中心语名词相同，后面的名词可以省略，如：他的衣服和我的（衣服）一样。但在韩国语比较句中，如果A、B两项短语带有相同的中心语或谓语，前面和后面的部分可以省略其中一个。如：

㉘ 我买的书跟他买的（书）一样。[1]
　　a. 내가　산 책은 그가 산 책과 같다.
　　b. 내가　산 책은 그가 산 것과 같다.
　　c. 내가　산 것도 그가 산 책과 같다.

---

[1] 柳英绿，2002。

韩国学生往往按照韩语的习惯造句，结果就造成了上述偏误。

3. 形容词的修饰成分偏误

请看例句：

⑲ *哥哥比他很聪明。——哥哥比他聪明。

형은 그 보다 똑똑하다.

哥哥 他 比　　聪明

⑳ *日语比英语不难。——日语不比英语难。

일본어는 영어보다 어렵지 않다.

　日语　英语 比　难　不

㉑ *这件衣服没有那件衣服很贵。——这件衣服没有那件衣服贵。

이 옷은 저 옷　보다 비싸지 않다(싸다).

这件衣服 那件衣服　比　贵　　没有（便宜）

㉒ *首尔没有北京大一些。——首尔不比北京大。

서울은 베이징보다 크지 않다(작다).

首尔　 北京　比　大　没有（小）

㉓ *韩国不如日本大得多。——韩国不比日本大。

한국은 일본 보다 크지 않다(작다).

韩国　日本　比　大　没有（小）

汉语比较句中，表比较结果的形容词前不加"很、非常、尤其、特别、十分、真、可、挺、够"等程度副词。只有在"A 比 B+ 形容词"类比较句中，形容词、动词或主谓短语后可以加上表具体程度或数量的补语表示差别，如"这件毛衣比那件毛衣大一些 / 得多 / 一寸"等；而在"A 不如 B+ 形容词"、"A 有 / 没有 B+ 形容词"等比较句中不能加表具体程度或数量的补语。在"A 比 B+ 形容词"的比较句中，否定副词"不"要放在"比"的前边，而不能放在后边的形容词或动词前边。

上述偏误主要是由于学生没有掌握好汉语比较句的语法规则造成的。

三、汉语语法教学技巧

对韩汉语语法教学可分四个环节来进行,即:语法点的选择、语法点的展示、语法点的解释和语法点的训练。下面分别介绍各个环节。

(一)语法点的选择

1. 分清主次

汉语语法很复杂,语法项目很多,在教学中所有项目都教是不可能的,因此必须精选出一些必要的语法项目进行教学。不仅如此,还要对选出来的语法项目分清教学主次,即哪些应重点教学,哪些应一般介绍,只有这样才能提高教学效率。

就教学实践来看,选取语法项目教学要考虑两个因素,一是汉语的语法特征,二是韩国学生对汉语语法的习得特点。

一些语法项目体现汉语的语法特征,如汉语的基本语序、基本句型等(如用"吗"提问的疑问句),虽然汉语和韩语语法方面差别很大,但这些对韩国学生来讲并不太难,可以作一般性的介绍和训练。应该将语法教学的重点放在韩国学生经常和容易产生偏误的语法项目上,这些是学生习得汉语语法的难点,对教师来讲就是汉语语法教学的重点。如:复杂句子的语序、"了""着""过"的用法(其中"了"是重点中的难点)、介词的用法、补语、"把"字句、无标记被动句、形容词谓语句、比较句等。

2. 确定先后

确定了教学的重点,还要考虑这些项目教学的先后。也就是先教什么,后教什么;先怎么教,后怎么教。

(1) 先易后难。就韩国学生习得而言,语法项目有难易之分。应该先学习容易习得的，后学难以习得的；先学习简单的，后学习复杂的，这样符合习得规律，同时也能够为后边的学习打好基础。例如：对韩国学生来讲，状语比补语容易接受，可以先讲状语后讲补语；讲"把"字句的时候，要在教了补语和无标记被动句之后再教相对复杂的"把"字句，因为大部分"把"字句的动词后面都有补语，而且实际上都包含着一个无标记被动句。

（2）循序渐进。一个语法项目常常包含许多规则。在讲语法时，不一定一次就将所有的语法规则一股脑地教给学生，应该先将主要的常用的语法规则教给学生，后教特殊的不常用的语法规则。比如，"了"有很多用法，可以根据学生的汉语情况教授。如果学生是初级水平，就可以让学生理解并掌握"了"是一个动态助词、体标记，与时间没有关系；"了$_1$"表实现或完成，"了$_2$"表情状的变化，这样就可以了。至于其他用法，如"太＋形容词＋了"格式中"了"语气助词的用法，则放在中级阶段教授。

（二）语法点的展示

展示语法点是语法教学的第一步，展示语法点就是将所教的语法点介绍给学生，让学生对该语法点在规则、用法上有一个初步印象。语法点展示得巧妙，常常会激发学生的兴趣，降低学习难度。

常用的展示语法点的方法有：利用实物、道具、地图、图片展示，利用动作演示，利用听写、提问、对话展示等。

1. 物件直观展示法

指用实物、道具、地图、图片等直观物件展示语法的方法。比如，教学生"除了"句："除了……都/全……"、"除了……也/还……"，这时就可以利用实物物件去展示语法。比如可以用地图，过程如下：

（教师拿出一张中国地图。）

教师：玄哲，你去过哪儿？

玄哲：我去过上海。

（教师在上海处做标记。）

教师：你还去过哪儿？

玄哲（可能回答）：我还去过哈尔滨。

（教师在哈尔滨处做标记。）

教师（边说边写在黑板上）：玄哲除了去过上海，也/还去过哈尔滨。

教师：恩贤，你去过哪儿？

恩贤：我去过西安。

（教师在西安处做标记。）

教师：你还去过别的地方吗？

恩贤（可能回答）：我没去过别的地方。

教师（边说边写在黑板上）：恩贤除了去过西安，别的地方都/全没去过。

好，我们今天讲"除了"句……

2. 体态动作展示法

教师也可以通过动作演示将语法点展示出来。比如讲动态助词"着"的"动词$_1$+着+动词$_2$"格式，就可以通过动作演示，教师边做动作边说句子：

（演示）老师走着，老师打电话——老师走着打电话。

（演示）老师坐着，老师看书——老师坐着看书。

……

3. 交际展示法

主要利用听写、提问、对话等方式进行展示。

听写法就是在学生充分预习和复习课文的基础上，让学生将带有语法点的句子写在黑板上。如讲"的"的一个用法——用在谓语动词后面，限于过去的事情，强调这个动作的施事者或时间、地点、方式等，可让学生在黑板上先写：

谁买<u>的</u>书？

他昨天来<u>的</u>。

我是在车站买<u>的</u>票。

然后进行讲解。

提问、对话展示就是通过师生或学生之间的互动交际将语法点展示出来。如讲比较句：

> 教师：明浩，你多高？
> 明浩：我一米七二。
> 教师：东永，你多高？
> 东永：我一米八。
> 教师（边说边写）：东永比明浩高。这是我们今天学习的语法——比较句……

提问、对话的方法比较自然，便于引导学生思考，引起学生注意，调动学生的积极性。

（三）语法点的解释

语法点的解释可以在语法点的展示基础上进行。解释语法点一般是对语法点的形式、意义、功能三个方面进行解释（崔永华，杨寄洲，2002）。

对语法点的形式加以解释，一般包括语法格式基本结构、变式结构（如该格式的肯定式、否定式、疑问式）、必要成分（如"把"字句的补语）、语法成分的排列顺序（如时量补语）和虚词的位置等；对意义的解释是告诉学生语法点的语义特点，如"把"字句表示主观处置的语义特点；功能解释主要是指告诉学生所教语法点的功能和使用环境，如副词"老"，用在动词前面，表示某种动作、行为或状态在一段较长时间里一直持续不断发生或时常重复出现，多表示说话人对所述行为的消极评价，如："他老迟到"。

常见的解释语法点的技巧有：公式法、图片道具解释法、情景演示法、语言解释法等。

1. 公式法

就是用固定符号将语法格式列为公式，如汉语比较句的教学，可列举公式（Adj 代表形容词、V 代表动词、Num 代表数量词）：

（1）A 比 B+Adj　　　　　　　　　中国比韩国大。
（2）A 比 B+Adj+Num　　　　　　这件衣服比那件衣服贵 50 块钱。
（3）A 比 B+V+Num　　　　　　　今年的产量比去年增长了一倍。
（4）A 比 B+ 早 / 晚 / 多 / 少 +V+Num　　哥哥比弟弟早结婚一年。
（5）A+V+ 得 + 比 +B+Adj+ 得多　　他跑得比我快得多。
（6）A 比 B+ 更 / 还 +V/Adj　　　　弟弟比哥哥还喜欢运动。

通过这些公式,可以清楚地将汉语比较句的主要语法格式展现在学生的眼前,清楚明了,便于记忆和理解。

2. 图片道具解释法

比如,讲正在进行的动作或状态,可用以下图片(1)、(2),讲趋向补语可以用图片(3):

(1)爸爸正在吃汉堡包。　　(2)东浩踢足球呢。　　(3)丽丽走下楼来。

讲时间表达法的时候,可以利用钟表等道具给学生讲解。教师也可以学一些简笔画,上课时在黑板上绘画示意,简单方便。

3. 情景演示法

教师可以利用课堂空间或实物进行现场演示或组织学生表演,让学生通过感受模拟情景理解语法点。

例如讲"把"字句,教师放在课桌上一些书,让学生看,然后说句子:"我把书放在桌子上了"。

在学生理解后,老师说句子,让学生复述并根据句子做动作——"请把课本放在书包里、请把书打开、把你的笔拿出来……"最后让学生之间互相说和做。

例如讲解复合趋向补语，教师讲解可分成如下几个步骤：

（1）老师动作演示，比如从包里拿出东西来，或从外面把东西放进包里；

（2）老师自己坐到椅子上（下去）→站起来（起来）→走出门（走出去）→走进门（进来），边演示边说出带有复合趋向补语的相应的句子；

（3）学生按老师的指令做出相应动作；

（4）让学生边做动作边说出带有复合趋向补语的句子；

（5）学生们互相讨论演示同学的动作和所说的句子是否相符；

（6）由老师纠正指导。

通过这样的讲解，抽象的语法规则得以形象化，也活跃了课堂气氛，增加了学生学习语法的兴趣。在此环节中，老师扮演的主要是演示者和指导者的角色。

4. 语言解释法

有的时候，语法项目比较抽象，难以用形象的方法展示，教师也可以用简明的语言解释。注意要尽可能使用学生容易理解的话语，少用学生难以理解的抽象的语法术语；要针对学生的难点，不必面面俱到。

比如有关购物的课文中出现"V+不起"，可以解释：太贵了，不能V（买、吃、住……）

此外还可以调动学生的积极性，在适当的时机让学生之间互相解释，有时候学生给学生解释可能更加有效，因为学生有自己的学习感受，更能体会到语法的关键。

5. 比较法

教语法时，可以通过比较相关的语法点来解释。如副词的位置问题，韩国学生常常犯错，教师可以将不同汉语副词的位置进行比较，让学生明白。

表5　部分汉语副词用法对比

只能放在主语后谓语前	既能放在主语后又能放在主语前	
	位置改变语义不变	位置改变时语义有所改变
有点、尤其、全、都、一概、已经、也、再三、必定、亲自、公然、暗暗……	干脆、难道、可能、好在……	只、仅仅、光、单单、就……

再比如，通过汉语一般叙述句与把字句的比较，让学生理解把字句的特殊语义语用功能：

① 我吃面包了。
② 我把面包吃了。

把字句强调对受事的主观处置，如：

③ 我把面包吃了，面包没了。
④ *我把面包吃了，还剩下一块。→ 我吃面包了，没吃完，还剩下一块。

也可以将汉语的某些语法规则跟韩语的相关语法规则比较，尽量利用韩语对韩国学生的正迁移，最大限度地避免负迁移。

这里仍以把字句为例。把字句对韩国学生来讲是最难掌握的句式之一，因为韩语中没有类似的句式，因此韩国学生常常不会使用该结构格式。实际上可以利用韩语的语序格式，将其巧妙地嫁接到汉语把字句格式上。

韩国语的基本语序是"主语—宾语—谓语"，如：

⑤ 저는 비빔밥을 먹었어요．（我吃了拌饭。）
　　我　拌饭　　吃

而汉语把字句的语序是"主语—把—宾语—谓语"，如：

⑥ 我把拌饭吃了。

这样韩语的基本句式与汉语把字句的格式就非常相似，我们就很容易将韩语句式移植到把字句上：

⑦ 我—拌饭—吃了（韩国语）——➤我把拌饭吃了。（把字句）

这样讲解的话，韩国学生非常容易接受。当然，这样讲解的前提是一定要讲清楚汉语把字句的语义语用特点以及限制条件，也就是说，把字句与一般句式有区别，而且也并非所有的句式都可以转化成把字句，或者说并非所有的行为都是可以用把字句来表达的（请参见前文）。

（四）语法点的训练

在学生对所学习的语法点有了初步理解以后，就要进行大量的训练，使学生在训练中内化语法规则，最终自如运用这些语法点。语法点训练是语法教学的最主要环节，大体可分为三类：机械性练习、意义性练习、交际性练习。

1. 机械性练习

机械性练习是指在教授新的语法点之后，教师组织学生进行以模仿记忆为主的控制性反复练习，使学生形成正确的语言习惯，达到准确、熟练地掌握语法点形式与内容的目的，为意义练习和交际性练习打下基础。

机械性练习包括模仿重复、替换、扩展等不大需要理解的练习项目。

模仿重复是指教师输出含有语法点的句子，学生进行简单重复。一般步骤为教师领读——学生跟读。

替换练习是一种部分重复练习，常用于学生对句型的熟练巩固。

如初级学生练习意愿表达句式：

我想<u>请你看电影</u>。

> 请你吃饭
> 请智贤去看京剧
> 去西安旅行
> 明年去北大学汉语
> ……

练习复合句式：

惠民不仅<u>学习汉语</u>，而且<u>学习英语</u>。

> 买衣服，买自行车
> 吃面包，喝咖啡
> 去长城，逛天坛
> 聪明，很帅
> 身体好，成绩优秀
> ……

扩展性练习，就是让学生掌握一定的规则后，将词语或句子不断延长，增加表达的信息量。如：

买衣服
买一件衣服
买一件漂亮的衣服
买一件非常漂亮的衣服
买一件又漂亮又便宜的衣服

这样的练习可以在课堂上通过师生或学生之间问答的方式进行，也可以让学生课后通过书写练习的形式完成。

机械性练习要注意的问题：

（1）教师要清晰、准确地交代练习的内容、方式和要求。

（2）教师要根据不同的语言材料和不同程度的学生选择练习时间及适当的练习方式。练习要由易到难、先简后繁、先合后分、循序渐进地进行。

（3）教师要根据学生的具体情况，灵活运用练习方法，适当地调整练习进度，不断变换练习形式，使学生始终保持思维活跃、积极参与的状态。

2. 意义性练习

意义性练习介于机械性练习（控制性）和交际性练习（非控制性）之间，起着承上启下的作用。这个阶段的语言活动是从注意语言的形式转向注意语言的内容和意义，使学生的认知从知识的外部特征转向知识的内在联系。意义性练习和机械性练习是相辅相成的。意义性练习更注重语言在情境中的使用，更注重学生用语言表达自己的真情实感，所以教师要设计那些在一定的情境下，尽量表达意义的活动。

意义性练习包括造句、改错句、选词填空、对画线部分提问、句型变换、复述、翻译等。

（1）造句

就是提供语法点，让学生造出含有该语法点的句子，这是一种常用的语法学习手段。

(2) 改错句

根据学生的语法习得情况，选取具有普遍性的错句，让学生判断修改，这种方式有利于加深学生的印象。

(3) 选词填空

一般是提供可选语法点，下面列出段落或一系列句子，让学生判断选择。如：

> 用"又"、"再"、"还"填空
> ① 我以后____想去颐和园玩。
> ② 我昨天____去那家饭馆吃饭了。
> ③ ____过几天，就过年了。
> ④ 你刚出差回来，____休息几天吧。
> ⑤ 我____没有去过天津。
> ⑥ 明天我要____准备点材料。

(4) 句型变换

将句型的不同变式进行互换，如把字句的肯定式变为否定式、疑问式、祈使式等。将一种句式变换为另一种句式，如一般句式与把字句、被字句及话题句的变换：

> 我吃了面包——我把面包吃了——面包被我吃了——面包我吃了。

这种练习还包括将两个或多个句子合成一种句式，如：

> 我们去颐和园吧，那里风景漂亮，交通方便。
> ——我们去颐和园吧，那里不仅风景漂亮而且交通方便。

此外还有对画线部分提问：

> 小王昨天<u>去了天津开发区参观</u>。——小王昨天干什么了？
> 他把<u>钥匙</u>丢在出租汽车上了。——他把什么丢在出租汽车上了？

(5) 复述

就是教师在讲解完语法后，让学生有意使用语法点复述课文、段落等。复述时，教师可以提供重点词、语言点等线索，学生可以完全按照原文复述，也可以有所发挥，总之能够达到内化语法规则的目的就行。

（6）翻译

一般方法为教师给出韩语句子，让学生将其翻译成符合汉语语法规则的句子。

意义练习组织技能运用的好与坏，很大程度上取决于教师对练习方法的选择和组织安排是否恰当合理。精心设计，巧妙安排的练习，能把学生的内在动力充分调动起来，并能充分发挥学生的积极性，使学生轻松愉快地掌握所学知识。反之，就达不到理想的教学效果。

教师要根据教学大纲和教学内容有目的、有计划地设计每一项练习活动。练习方法的选择应与教学内容紧密联系，要突出重点、难点，要抓住内在的、本质的、规律的内容。

根据学生的心理特点和要求，如好奇、好动、注意力不能长时间集中等特点，教师必须采用灵活多样的练习方法，防止重复同一种练习而导致学生感觉器官的疲劳。这样，既可以引起学生对意义练习的兴趣，又可以培养学生灵活运用语言知识的技能。

运用意义练习过程中，一定要注意把新旧知识有机地联系起来，帮助学生温故知新，在复习旧知识的同时，达到掌握新知识并能熟练运用的目的。

运用意义练习过程中，要注意练习的难易程度。练习设计要从易到难、循序渐进。指导学生由浅入深、由简到繁地进行练习。由控制性练习到半控制性练习，从机械练习到意义练习，最后到交际练习，逐步提高。

教师在设计、运用意义练习时要充分发挥自己的想象力和创造力。不要总是对现有知识进行系统的重复，而应该在实践的基础上，根据实际情况灵活运用教学原则，不断更新、不断创造出有自己特色、有自己风格的意义练习。

在意义练习过程中，教师是活动的组织者。因此，教师既要从教学目的出发，全面设计、精心安排，有目的地组织每一项练习，又要在课前设计好每一项活动。在练习活动中，要起到管理者、监督者和监听者的作用，随时解决学生的问题，监控学生的活动，使活动始终按照设计的要求进行。

3. **交际性练习**

交际性练习是在意义练习的基础上，教师利用信息差（Information gap）使学生产生交际的需要而后展开的听、说、读、写活动。交际性练习是课堂语言实践活动的最高层次,是培养学生实际交际能力的主要步骤。教师要根据教材提供的内容选择适当的语境和话题,因为适当的语境和话题是引导学生进行表达的基础。

常用的方式有:问答式、陈述式、描写式、模拟活动式。

问答式就是师生或学生之间通过问答的方式有意练习某语法点。如对补语的练习:

教师:东浩,你喜欢踢足球吗?
学生:我喜欢。
教师:你踢足球踢得怎么样?
学生:我踢足球踢得不太好。

如要学习用"什么"提问的疑问句。老师指着教室里学生知道其名称的任何一件实物,例如桌子,问一个学生:"这是桌子吗?"学生答:"这是桌子。"然后指着同一张桌子问另一个学生:"这是什么?"如果学生答"这是桌子。"就说明他理解了这个句型。接着让学生利用有关的实物或图片,用"什么"互相提问。

陈述描写式就是让学生通过陈述事件的经过或描写情状有意练习语法点,如学习了动态助词"了"、"过"等,可以让学生叙述自己旅行的经历;学习了存现句,可以让学生描述一下自己学习或生活的环境等。

模拟活动式就是通过模拟真实的生活场景,达到自如运用语法规则的目的。如话题辩论、表演等。

交际性练习组织技能的原则和要求是:

(1)要设置"信息差",使学生产生交际的需要和动力;

(2)教师要先做示范,并在练习过程中对学生进行具体的指导;

(3)要为练习准备必要的道具;

(4)练习的内容和组织形式要灵活多样;

(5)尽量减少对学生选用语言材料的控制;

(6)练习活动要全班参与,而不是少数几个人的行为;

(7)创造轻松、愉快、活泼的气氛,允许学生犯错误,不要频繁纠错。

进行话题练习时不要轻易打断学生的话语。纠正错误的基本点是:纠正学生常犯的错误和带有普遍性的错误。对话题练习中需要进行解释的部分,则应分主次和难易,做有针对性和选择性的解释。

参考文献

[1] 陈枫.2008.对外汉语教学法［M］.北京：中华书局.

[2] 崔立斌.2005.韩国学生对"了"的误用及其原因［J］.语言文字应用（4）.

[3] 崔立斌.2006.韩国学生汉语介词学习错误分析［J］.语言文字应用（2）.

[4] 崔永华，杨寄洲.2002.汉语课堂教学技巧［M］.北京：北京语言大学出版社.

[5] 韩在均.2003.韩国学生学习汉语"了"的常见偏误分析［J］.汉语学习（4）.

[6] 侯玲玲.2008.韩国学生汉语学习中常见语序错误简析［J］.青岛大学师范学院学报（3）.

[7] 李宝贵.2004.韩国留学生"把"字句偏误分析［J］.辽宁工学院学报（5）.

[8] 柳英绿.2000.韩汉被动句对比——韩国学生"被"动句偏误分析［J］.汉语学习（6）.

[9] 柳英绿.2002.韩汉语比较句对比［J］.汉语学习（6）.

[10] 吕必松.1999.对外汉语教学概论［J］.世界汉语教学（2）.

[11] 肖奚强.2000.韩国学生汉语语法偏误分析［J］.世界汉语教学（2）.

[12] 徐建宏.2004.汉语助词"了"与韩国语词尾"었"的对比［J］.辽宁大学学报（哲学社会科学版）（3）.

[13] 张和生.2008.汉语可以这样教——语言要素篇［M］.北京：商务印书馆.

第三章
词汇教学的技巧与方法

　　词汇是语言的要素之一，是语言活动的基础，一个人词汇量的多少直接关系到其运用语言能力的高低。赵金铭（2006）认为："其实，在掌握了汉语的基本语法规则之后，还应有大量的词汇做基础，尤其应该掌握常用词的不同义项及其功能和用法。惟其如此，才能真正学会汉语，语法也才管用。这是因为词汇是语言的唯一实体，语法也只有依托词汇才得以存在。"英国语言学家威尔金斯（D. A. Wilkins）（1972）更进一步指出："没有语法人们可以表达的事物寥寥无几；而没有词汇人们则无法表达任何事物。"（Without grammar very little can be conveyed; without vocabulary nothing can be conveyed.）

　　在对外汉语教学过程中，除了最初的部分语音教学阶段外，词汇教学基本上贯穿始终。一切课堂教学都是建立在词汇教学基础上的，无论是听力、会话、读写，还是写作教学，都必须与词汇教学相结合。因此词汇教学在对外汉语教学体系中占据非常重要的地位。

3장
중국어 어휘 교육의 기교와 방법

어휘는 언어의 요소 중의 하나이며, 언어 활동의 기초이다. 한 사람의 어휘량의 많고 적음은 언어를 운용하는 능력의 높고 낮음에 직접적으로 관계된다. 赵金铭(2006)은 "사실 중국어의 기본적인 문법 규칙을 파악한 후에 바탕이 될 단어도 많이 갖추어야 한다. 특히 단어의 기능 및 용법을 정확하게 파악해야 한다. 그것만이 중국어를 잘 배울 수 있고 문법도 활용할 수 있는 방법이다. 단어는 언어의 유일한 실체이고 문법도 어휘가 있어야만 존재할 수 있기 때문이다." 영국의 D.A.Wilkins는 "문법적인 기초가 없는 사람이 표현할 수 있는 것은 거의 없다. 하지만 단어를 모르면 어떤 사물도 표현할 방법이 없다." (Without grammar very little can be conveyed; without vocabulary nothing can be conveyed.)

대외중국어교육과정에 최초의 음성교육단계 외 어휘교육은 모든 과정에 다 있다. 모든 교실교육은 어휘교육을 기초로 하고 있다. 듣기, 회화, 독해나 작문 교육은 모두 어휘교육과 같이 해야 한다. 따라서 어휘교육은 대외중국어교육체계에 매우 중요한 위치를 차지하고 있다.

一、汉韩词汇对比

与韩语比起来,汉语词汇有其独特的一面,认识和了解汉韩词汇的异同以及汉语词汇的特点有助于汉语教师有的放矢地进行汉语词汇教学。

(一) 汉韩词语形态对比

在语句中,汉语词语没有构词形态、构形形态和分析形态等变化,一般要借助词根组合、词序等手段来表达意义。

韩语是一种黏着语,主要靠词后面的助词(连接性词尾和终结性词尾)的变化来显示每一个词在句子中的功能。韩语有着丰富的构词形态(如韩语中名词"자살"(自杀)加动词词缀"하다"变为动词)、构形形态(如韩语的主格、领格、宾格的变化)和分析形态(如韩语过去时的表达)。不过就词类来讲,一般来说,韩语主要是动词和形容词以及一部分副词具有形态变化特征,名词则是在后面加上一些组词成分来表示各种语法意义,其本身并不发生形态变化。

掌握这一特点,对韩国学生认知使用汉语词语很有帮助。韩国学生在学汉语词汇时,不必考虑词汇的形态变化,可直接运用,掌握和应用更为直接。

(二) 汉韩词法与句法的关系对比

汉语词法和句法具有相对一致性。汉语词的构成主要有复合和附加两种方法,其中第一种是主要方法。构词上,汉语多采用词根复合法,方法跟由词结合为词组的造句法基本上一致,即构成的格式基本是"主谓"、"述宾"、"偏正"、"并列"、"述补"这五种。如:

主谓结构:军管　婚变　心狠

述宾结构：解冻　投资　鼓掌　伤心

偏正结构：热线　电池　陆军

并列结构：机遇　选拔　祥和

述补结构：抓紧　提高

正因如此，汉语中常有词组转化为词的现象（如"反恐"、"楼市"），也有词或结构在表达中上升到语句层面的现象（如离合词"洗澡"——"洗了一个舒舒服服的热水澡"）。

此外，汉语也有词缀构词法，如"裤子、拳头、绿化、老虎、糊里糊涂"等。

韩语构词法与汉语构词法有同有异。韩语的合成词也可分为复合和附加两种。韩语中有大量的汉字词，这些汉字词很多也沿用汉语构词的五大格式和词缀构词方式，如"地震、事变；担心、留意；国语、欢迎；语言、山水；改良、人口；第一、帽子"等。此外，一些韩语中汉韩混用复合词和韩语固有复合词也采用上述两种构词方式，如：

강물（江水）= 강（江）+ 물（水）

소나무（松树）= 소（松）+ 나무（树）

베개（枕头）= 베（枕头）+ 개（工具词缀）

不过在韩语固有复合词中几乎没有主谓式和述宾式构词，这一点跟汉语复合词不同。

韩语是词缀发达的语言，词汇中词缀很丰富，词汇中大量采用词缀构词法。有的是前缀+词根，有的是词根+后缀，有的是前缀+词根+后缀，还有的是词根+中缀+后缀等，其手段比汉语更丰富。

知道这些情况，就可以跟韩国学生讲清汉韩词汇构成的异同，引导学生利用韩语的正迁移，提高学习效率。

（三）汉韩词语音节构成对比

汉语词语有趋向双音节的特点，汉语词汇的发展倾向于把单音节扩充为双音节，把多音节压缩为双音节。如：

发——头发　　桌——桌子　　航空母舰——航母　　北京大学——北大

韩语是一种多音节语言，除了一些基本词汇以外，绝大部分是多音节。据崔永模（2002）统计，《标准新国语词典》的 57,000 余词汇中，97% 的词汇是多音节词；《随身国民词典》中 18,400 余词汇，双音节普遍固有词只有三四个。

有的时候，韩国学生没有注意到汉语词汇表达特点，说出来的词句不符合汉语的习惯。如：

① * 我加了适合成人的内容。——我增加（加上）了适合成人的内容。

　　내가　성인에게　어울리는　내용을　추가했다.

　　我　　成人对　适合的　　内容　增加 / 加

② * 今天晚上是爷爷的生日会。——今天晚上是爷爷的生日宴会。

　　오늘 밤에　할아버지의　생신　파티다.

　　今天　晚上　爷爷　的 生日　晚会（宴会）

③ * 他是圆圆的身。——他的身体圆圆的。

　　그는 몸이 둥글다.

　　他　身体　圆

汉语教师在词语教学时，应抓住汉语的特点，帮助学习者有效地积累词语，建立用汉语词汇恰当表达的习惯。

（四）对外来词的吸收情况对比

汉语词汇系统有很强的同化外来词的功能，汉语词汇系统吸收了大量的外来词，不过大部分外来词经过汉语规则的改造融入了汉语词汇，如：电风扇、地球、比例、标本、电视机、吸尘器、激光、世界语、嘉年华会、保龄球、拉力赛等。

韩语词汇系统有很强的吸收功能，韩语中有非常多的外来词汇，其中来自汉语的词汇最多。韩语词汇分三部分：汉字词、韩语固有词和其他外来词。其中汉字词所占比例最大，大概占 60%～70%，韩语固有词占 20% 左右，其他外来词占 5%～10% 左右。韩语中的汉字词比例如此之大，这对韩国学生来说，是一个很大的优势。汉语教师一定要因势利导，调动学生的积极性，确保韩国学生汉语词汇水平的迅速提高。

二、韩国学生常见的词语偏误

在对韩汉语教学实践中，我们发现韩国学生习得汉语词汇具有一些先天优势，但也存在大量的偏误，主要表现为以下几个方面。

（一）词性偏误

在表达中，由于韩语的词类有标志，汉语的词类没有标志，而且汉语中词的兼类现象很普遍，所以韩国学生常常分不清汉语的词类，而在遣词造句中产生词性误用的问题。常见的有下列情况。

1. 名词误用为动词

① *老师，一起照片吧。——老师，我们一起照相吧。
　선생님, 같이 사진을 찍읍시다.
　老师　一起　照片　照 吧

② *我说后，大家动作一下。——我说完后，大家一起做动作。
　내가 말을 한후에 여러분은 행동을 하세요.
　我　话　说后　大家　行动　做

③ *我们会议中。——我们正在开会。
　우리는 회의중이다.
　我们　会议中是

④ *请电话我吧。——请给我打电话吧。
　나한테 전화하세요.
　我给　电话打吧

韩语词性标志很明显，一些词单独使用的时候是名词，而后面加动词词尾就变成动词，韩国学生受母语影响，容易将名词误用为动词。

2. 动词误用为名词

⑤ *我在大学的时候，做比较多的打工。——我在大学的时候，常常打工。
　나는 대학교에 다닐 때　아르바이트를 비교적 많이 했다.
　我　大学　在 上的 时候　　打工　　比较　多　做

⑥ *家人都有很多笑，所以家里常常开花。——家里人爱笑，所以家里常常笑开花。
　가족들은 웃음이 많아서　항상 웃음 꽃이 핀다.
　家人　　笑　很多因为 常常　笑　花　开

⑦ *我希望我说的话给你很多帮忙。——我希望我说的话可以给你们很多帮助。
　내가 하는 말이 당신에게 많은 도움이 되기를 바랍니다.
　我　说的　话　你　给 多的　帮助　成为　希望

例⑤⑥，韩语中"아르바이트（打工）、웃음（笑）"是名词。汉语中"打工、笑"是动词，没有名词的用法；例⑦，"帮忙"只有动词的用法，而"帮助"除了主要作动词外，还有名词的用法。

3. 动词误用为形容词

⑧ *因为那个季节天天下雨，挺闷热，太阳也不太照射。——那个季节天天下雨，挺闷热的，太阳照射也不太强烈。
　그 계절에 매일 비가 오니까 매우 찌는 듯하고 햇빛도 별로 비추지 않는다.
　那个季节 天天　雨　下因为　挺　闷热　　阳光也 不太　照射　不

⑨ *但是冬天不太冷，不太下雪。——但是冬天不太冷，下雪不太多。
　그러나 겨울에 그다지 춥지 않고 눈도 별로 내리지 않았다.
　但是　冬天　不太　冷　不　雪也不太　下　　不

4. 形容词（形容词性短语）误用

⑩ *那件衣服不合适我。——那件衣服不适合我。
　그 옷은 나에게 어울리지 않는다.
　那件　衣服　我对　合适　不

97

⑪ *我在北京流利了汉语。——在北京我的汉语变流利了。
　　나는 북경에서 중국어를 유창하게 한다.
　　我　北京在　汉语　　流利
⑫ *学习汉语有很多前途。——学习汉语很有前途。
　　중국어를　배우면　장래가 밝다.
　　汉语　学习的话　前途　亮

例⑩"合适"是形容词，后面不能带宾语，应改为动词"适合"；例⑪"流利"是形容词，也不能带宾语。例⑫"有很多前途"应改为形容词性短语"很有前途"。

此外还有一些不及物动词、复合趋向动词误用为及物动词的现象，请参见本书第二章《语法教学的技巧与方法》。

（二）词义偏误

韩语中存在着大量汉字词，但是这些汉字词中有很多与汉语中的对应词意义不同或不完全相同，韩国学生常常用汉字词表达汉语的意思，如：

⑬ *这会话有很多文章。——这段对话由很多句子组成。
　　이 회화에서는 많은 문장이 있다.
　　这　会话里　多的 句子　有

韩语中，"문장"（文章）指文章中的句子，跟汉语"文章"的意义不同。

⑭ *我在梨花教育大学学习。——我在梨花大学教育学院学习。
　　나는 이화　교육　대학교에서 공부한다.
　　我　梨花 教育 大学　在　　学习

韩语中，"대학교"（大学校）指大学，"대학"（大学）指大学下面的学院，而"학원"（学院）则指社会上私人办的培训班、补习班等。有时韩国学生会将汉字词的用法套用到汉语中。

⑮ *今天我要跟我的先辈喝酒。——今天我要跟我的师兄喝酒。
　　오늘 나는 선배랑 술을 마셔야 한다.
　　今天 我　先辈和　酒　　喝　要

韩语中,"선배"(先辈)指师兄、师姐,而汉语中"先辈"则指故去的辈分高的亲属。

⑯ * 让我们更进一步发展中国语。——让我们进一步提高汉语水平。
우리 더 진일보하여 중국어를 발전하도록 합시다.
我们 更 进一步 汉语 发展 让

汉语中"发展"指事物组织规模等扩大,如发展组织、发展生产等,一般不用于人的知识水平的提高。

⑰ * 爸爸的性格很严格。——爸爸是一个很严厉的人。
아버지의 성격은 매우 엄격한다.
爸爸 的 性格 很 严格

汉语中"严格"指做事遵守或执行规定、规则,不马虎。而"严厉"指人严肃而厉害。所以这里应用"严厉"形容人的性格。

⑱ * 亲爱的爸爸妈妈,我不知道怎么表达您二位对我的爱情。——亲爱的爸爸妈妈,我不知道怎么表达您二位对我的爱。
사랑하는 아버지 어머니, 두분이 저한테 주신 애정을 어떻게 묘사하는지
亲爱的 爸爸 妈妈 二位 我对 给的 爱情 怎么 描写
모르겠다.
不知道

汉语中"爱情"指情侣间的感情,不用于上下辈分之间的感情。

(三) 词语搭配偏误

词语搭配偏误也是韩国学生词汇学习过程中的一个大问题。由于一些汉韩对应词的意义不完全重合,加之表达习惯不尽相同,造成汉韩词语在搭配上的差异。一些学生没有完全掌握汉语词语的用法,受母语的负迁移影响,产生偏误;也有的情况是韩国学生对汉语词汇用法掌握得不充分,或临时找不到合适的词语而误用。例如:

⑲ *你跟当生日的朋友说什么？——你跟过生日的朋友说什么？
　　당신이 생일을 맞는 친구에게 무엇을 말해요？
　　　你　生日　当的　朋友对　什么　说
⑳ *面试的时候，老师给了我肯定的印象。——面试的时候，我给了老师一个很好的印象。
　　면접시험을 할 때 선생님이 나에게 확실한 인상을 주었다．
　　　　面试　　时　　老师　　我给　肯定的　印象　　给
㉑ *最近学校得到流感的人越来越多。——最近学校得流感的人越来越多。
　　요즘 학교에는　유행성 감기에 걸리는 사람은　점점　많아졌다．
　　　最近　学校里　　流行性　感冒　得的　　人　越来越　多
㉒ *我们刚刚认识了，我还没有理解我的同屋。——我们刚刚认识，我还不了解我的同屋。
　　우린 지금 막 만나서 나는 아직 룸메이트를 이해하지　못 한다．
　　　我们　刚刚　　认识　我　还　　　同屋　　　理解　　不能
㉓ *请大家记住一下。——请大家记住。
　　좀 기억하십시오．
　　一下　记住　请

例㉒、㉓需要特别说明。韩国汉字词中没有"了解"这个词，汉字词"理解"常表达"了解"的意义，所以，例㉒的偏误是受到了韩语的负迁移影响；汉语中含有结果义的述补结构后面不能再带动量成分"一下"，因为"动词结构＋一下"表示尝试、动作短暂等语法意义，跟结果义不能兼容。例㉓的句子在韩语里用"좀"。"좀"在韩语里有表让步，起让句子语气舒缓的作用。所以例㉓的偏误是由于韩国学生受到韩语的负迁移影响，同时没有掌握汉语的句法特点所致。

（四）语用偏误

在对韩汉语教学过程中，我们发现也有的学生词语使用不符合语境、语体、语义色彩等要求。

㉔ *托你的福，我的家族都很好。——谢谢，我的家人都很好。

당신 덕분에 가족들이 다 좋다.

　　托你的福　　家人们　　都　好

㉕ *这次考试我得了 B+，我很悲哀。——这次考试我得了 B+，我很难过。

　　이 번　시험에 나는 B+ 를 받아서 슬프다.

　　这次　考试　我　B+　　得　　悲哀/难过

㉖ *我们班和别的班竞技足球。——我们班和别的班进行了足球比赛。

　　우리 반은 다른 반이랑 축구 경기를 한다.

　　我们　班　别的　班和　足球　竞技　做

㉗ *老师请我们吃饭，太过分了，谢谢您！——老师，您请我们吃饭，招待得太好了，太客气了，谢谢您！

　　선생님은 우리를 식사에 초청하여 너무 지극해서 고맙습니다.

　　老师　我们　吃饭　招待　过分　盛情　　谢谢

　　在回答老师或长辈一般问候时，韩国学生习惯于使用正式、庄重的词语，显得过于郑重、拘谨，不够自然得体，如例㉔。例㉕中"悲哀"书面语色彩太浓，用在一次考试失误的表达上语义太重，用具有口语色彩的"难过"、"伤心"更为得体。例㉖中"竞技"在汉语中用于书面语，一般不用于口语；韩语"경기"（竞技）常用于口语，所以例㉖用"竞技"一词，在语体上不协调。例㉗"过分"在汉语中是"超出本分或一定的限度"的意思，含贬义；而在韩语中"过分"（너무）则是超规格、盛情接待的意思，有时韩国学生不明白，会造成误会。

三、汉字词与汉语词汇教学

通过上一节的分析我们认识到,韩国学生词汇习得偏误主要受韩语中大量的汉字词影响。韩语中有60%以上的汉字词,可以说,在对韩汉语教学中处理好汉字词问题是解决词汇教学的关键。

(一)韩语汉字词与汉语对应词

众所周知,汉字词是源于汉语的词汇,这些词汇在语音和语义上跟汉语有着一定的联系。理清这些复杂的关系,在汉语教学中有的放矢,可以起到事半功倍的效果。下面我们从词义和用法两个角度来分析汉字词与汉语对应词的关系。

1. 词义方面

(1)汉韩词义相同

韩语中许多汉字词与汉语对应词语音接近,语义相同。据统计,韩语常用同形汉字词有3811个,其中意义基本相同的就有3107个,占到81.5%(柳智恩,2007),其中名词、动词、形容词最多。如:

名词类:暗号　版画　班长　本家　宝库　博士　博物馆　词典　大使馆
　　　　道德　电子　法院　饭店　方法　风俗　古代　故乡　国家　国民
　　　　海边　海洋　花盆　患者　交通　教室　经济　军事　空气　帽子
　　　　美术　面积　民俗　男子　能力　女子　皮肤　人参　日记　生活
　　　　生日　食品　世界　手续　设备　顺序　思想　态度　听力　条件
　　　　信号　学生　学校　音乐　银行　营养　月　　政府　职业　主人
　　　　自然　祖国
动词类:哀悼　爱慕　安置　暗杀　暗示　包含　包括　把握　保存　保管
　　　　保护　报答　报复　报告　暴露　背叛　比喻　编辑　变动　变化

变换　裁判　沉没　承认　憧憬　踌躇　代替　登山　点缀　动员
杜绝　发泄　发展　反抗　访问　吩咐　分配　封锁　服从　告别
规定　欢迎　纪念　教训　接触　经历　决断　恋爱　庆祝　示范
统一　研究　意识　影响　遭遇　侦探　主张　整理　准备

形容词类：哀切　安静　安全　安稳　暗淡　傲慢　悲惨　悲观　悲痛　卑劣
　　　　　卑怯　不安　不当　不利　不良　不幸　不逊　不足　残酷　残忍
　　　　　灿烂　长久　长寿　彻底　沉着　诚实　充足　发达　愤慨　孤独
　　　　　固执　过分　和气　惶恐　混浊　活泼　简单　狡猾　惊愕　惊疑
　　　　　绝对　可观　冷静　流行　庄严　自由　尊贵

副词类：比较　毕竟　大概　大约　到处　到底　独自　纷纷　故意　果然
　　　　何必　忽然　渐渐　屡次　其实　确实　十分　始终　随时　特别
　　　　同时　往往　唯独　相当　永远　再三

代词类：彼此　自己

量词类：层　次　辆　双　台

成语：白璧微瑕　百发百中　不可思议　得意洋洋　反复无常　后生可畏
　　　坚如磐石　苦尽甘来　名正言顺　起死回生　千差万别　轻举妄动
　　　似是而非　先见之明　言过其实　一目了然　朝三暮四

这些汉字词原来在韩语中都是用汉字书写的，现在用韩语字母拼写，很多学生比较生疏。不过，由于读音接近，所以很多韩国学生能够非常容易地习得。

还有一种情况，就是汉韩表现形式不尽相同，但字面意义一致或基本一致，例如：

表6　汉韩意义相同的汉字词

序号	汉语	韩语汉字词	序号	汉语	韩语汉字词
1	安心	心安	11	兑换	换钱
2	介绍	绍介	12	免职	罢职
3	和平	平和	13	汉语	中国语
4	明显	显明	14	演戏	演剧
5	舞会	舞蹈会	15	问候	问安
6	百货商店	百货店	16	修改	修正
7	旅客	旅行者	17	担任	担当
8	停业	休业	18	今天	今日
9	牙科	齿科	19	病房	病室
10	方便	便利	20	发誓	盟誓

(2) 汉韩词义有区别

A. 词义差别较小

这方面可以分为两种情况，一是汉语的语义范围大于韩语汉字词，例如：

表7 汉韩语义差别汉字词1

序 号	汉字词	汉语意义	韩语意义
1	校长	各类学校的主要负责人	只指中小学校长，大学校长称为"总长"
2	家族	具有血缘关系的人组成的社会群体	只指家属、家庭
3	品质	人的行为和作风所显示的思想、品性、认识等实质；东西的质量	产品质量
4	保险	担保、保证；肯定、一定；稳当、可靠、不会发生意外；保险业务	保险业务
5	来日	将来的日子、未来	明天
6	礼物	赠送的物品	结婚信物
7	手艺	手工技术	刺绣
8	水平	跟水面平行的、水准	跟水面平行的

这类词还有：大小、东西、地方、对象、感觉、意思、质量、左右、保留、分配、破裂、认识、分别、非常、所有、一定等。

还有一种情况是韩语汉字词的语义范围大于汉语，例如：

表8 汉韩语义差别汉字词2

序 号	汉字词	汉语意义	韩语意义
1	时间	时间	时间、小时
2	食堂	机关、团体中供应本单位成员吃饭的地方	各种内部食堂和街上的饭店
3	教授	高等学校中职别最高的教师	大学所有教师
4	先生	多用作对男子的敬称	一般用于对男子或地位较高的女士的敬称
5	千万	无论如何、不管怎样	无论如何、不管怎样；非常地、绝对地
6	安宁	秩序正常；安定、宁静	秩序正常；安定、宁静；平安、安好；平安地

这类词还有：格式、人间、人事、人物、性质、性格、依赖、圆满等。

B. 汉韩词义交叉

有的韩语汉字词的义项与汉语对应词的义项交叉，有同有异，如：

表9　汉韩语义交叉汉字词

项目 汉字词	汉韩相同	汉韩不同	
		韩 语	汉 语
机关	办理事务的部门	机器	计谋
工作	机器、工具受人操纵而发挥生产作用	为了某种目的，事先策划阴谋	从事体力或脑力劳动

这类词还有：出世、简单、轻快、不安、不便等。

(3) 词义差别较大或完全不同

还有一部分汉字词汉韩词义差别很大，有的完全不同。如：

表10　汉字词汉韩词义对照表

序号	韩语汉字词	意义	序号	韩语汉字词	意义	序号	韩语汉字词	意义
1	监督	导演教练	15	学院	补习或培训机构	29	过年	女子过了结婚的年龄
2	阶段	台阶	16	点心	午饭	30	出勤	上班
3	汽车	火车	17	化妆室	卫生间	31	退勤	下班
4	自动车	汽车	18	便纸	信	32	约束	约会
5	报纸	新闻	19	爱人	情人	33	一点儿	若干
6	分野	领域	20	亲旧	朋友	34	顶上	最高级
7	冷藏库	冰箱	21	约婚妻	未婚妻	35	实验	考试
8	药水	矿泉水	22	同生	弟弟	36	工夫	学习
9	旅券	护照	23	失职	解雇	37	受业	上课
10	背心	反心	24	人事	问候	38	休讲	停课
11	膳物	礼物	25	放学	放假	39	理解	了解
12	水瓜	西瓜	26	食事	吃饭	40	热心	热衷
13	情报	信息	27	结束	捆	41	小心	胆小
14	颜色	脸色	28	配合	混合	42	操心	小心

类似的汉字词还有:暗算、暗记、奔走、出产、灯台、恶心、敷衍、告诉、骨子、合算、合同、讲究、讲义、结实、居室、看病、客气、老婆、迫切、奇特、深厚、失手、事情、算数、调剂、一同、增长、壮大等。

这类词语汉韩差异较大,但是数量有限,学生初学时会迷茫,汉语教师应该充分注意。

2.用法方面

汉字词,尤其是与汉语对应词语音接近、语义相同的汉字词,基本上与汉语对应词的用法一致,但也有一些汉字词与汉语对应词的用法有区别,表现为以下几个方面:

(1)词性不同。如"科学",汉语是名词兼形容词,而韩语只是名词。"优势",汉语是名词,而韩语是形容词。"着实",汉语是副词,而韩语是形容词。"病",汉语是名词兼动词,可以作谓语;韩语中只能当名词,不能作动词,不能作谓语。

(2)词语搭配不同。如前面提到的"理解",汉韩搭配不同,我们说"了解中国文化"而不能说"理解中国文化"。再如:"深刻",韩语的"深刻"表示严重的意思,如韩语中可以说"你的错误很深刻",而汉语"深刻"表示达到问题的本质或内心感受程度深,如"认识很深刻"。

(3)感情色彩不同。例如"顽固"在汉语中有贬义色彩,但在韩国语中没有感情色彩,类似的还有"杀害"、"造成"等;而有些词,如"帮助"、"可观"、"发觉"、"工作"、"谋事"、"放置"、"操作"、"指令"、"收拾"、"陷落"等在韩语中常含贬义,但在汉语中,一般为中性词。

(4)语体不同。如"往复"、"竞技"等在汉语中一般用于书面语体中,而在韩语中则用于口语体中;而"容易"、"志气"等在汉语中一般用于口语体中,而在韩语中则用于书面语体中。

(二)汉字词与对韩汉语教学

前面分析了汉字词汉韩语义和用法之间的关系。我们认为,加强汉字词汉韩异、同的研究,并将成果用于对韩汉语教学实践中,指导学生很好地利用这些异同之处进行学习,可以收到事半功倍的效果。

1. 针对汉韩义同音近的汉字词的教学

汉字词汉韩语音接近，加之韩国学生一般都在中学期间学过 1800 个汉字，因此韩国学生对汉字词并不生疏。可以利用汉字词对学生的正迁移作用，在讲义同音近的汉字词时从略从简，直接告诉学生这些词语的意义和用法，以提高效率；也可以在韩国学生具备一定汉语水平的基础上成批地教授。

教学时要注意纠正发音，因为发音越相似越会影响发音的准确性。此外还要注意纠正汉字书写，因为有一些韩国汉字与汉语汉字书写方式不同。

注意了上述情况，韩国学生习得这些词汇就会比较容易。一般来说，学生对这些词汇很感兴趣，有很强的成就感。

我们知道，汉字词占韩语词汇的大多数，音近义同的汉字词又占汉字词的大部分，可以说，教学时，拿下了这部分词语，就等于占领了汉语词汇教学的制高点。

2. 针对汉韩意义用法有区别的汉字词的教学

这部分汉字词是词汇教学的重点，因为这些词在汉韩两种语言中意义和用法有同有异，学生容易混淆。韩国学生在学习中常常将韩语的词义和用法当作汉语的词义和用法来使用，造成偏误。

教师要对汉韩差别较小的汉字词予以高度重视，因为这些是韩国学生学汉语时最易困惑最易产生偏误的词汇。在进行教学时，教师应有针对性地对汉字词在两种语言中语义范围、义项、词性、附加意义、语用条件等方面的区别和联系进行重点讲解和强调。讲解时，尽可能地用短语或句子实例等语境因素进行说明。此外还要针对学生常犯的错误，设计有效的练习，引导学生有意识地避免偏误。

针对汉韩意义用法差别较大或完全不同的汉字词，汉语教师要做好辨异解惑工作，要把教学重点放在区别分析上，告诉学生这些词跟汉语中哪个词对应，其语义和用法是什么，并给出一些例句。这类词语虽然汉韩差异大，但是数量有限，学生初学时会感到迷茫，到汉语水平稍有提高，并学会词语比较时，问题会逐步消失。

3. 加强词语的应用训练

汉字词中有一部分不仅与汉语的意义一致，其词性、感情色彩、语体色彩等与汉语也基本相同，但是也有大量汉字词虽然意义与汉语相近，但用法与汉语有区别。所以汉语教师不仅要从意义上讲解，还要加强汉字词在汉语中用法上的训练。

比如，汉韩中的一些词语搭配习惯很不一样，再加上韩国学生汉语词汇掌握得不够，常常产生搭配偏误。词汇教学中教师要注意给学生词语搭配的提示，并辅以练习。如韩国学生常说"这次考试是一个严重的考验"，"北京冬天的风很强"，"中国有了很大的发展"等，所以在讲解生词时，一定要把词语搭配作为重点。如：

考验——严峻　　错误——严重　　风——大／小
发展——快／慢　　水平——高／低　　实力——强／弱

4. 将汉字词研究成果尽快转化到教材建设中

目前能够将汉字词研究成果转化到对韩汉语教材中的不多，全香兰（2004）呼吁，汉韩对比研究跟汉英对比研究相比单薄得多，虽有一些高质量的论文和著作，但是这些研究成果没有得到足够的重视，而且没有反映到教材的编写和实际教学当中。我们必须加强和重视汉韩对比研究，并尽量把这些研究成果应用到教学实践当中，重新调整词语教学以适合韩国留学生，编写出针对韩国学生的教材及工具书，这样才能做到有的放矢，解决实际问题。全香兰的建议值得我们重视。

四、词汇教学的方法

在汉语教学中，如何提高效率，让学生在最短的时间内，尽快扩大自己的词汇量并能够熟练运用这些词汇进行交际，这是每个汉语教师所关注的问题。要实现这一愿望，汉语教师掌握有效的教学方法是关键。

汉语词汇课堂教学中，一般分为词语的选择、词语的展示、词语的解释和词语的巩固练习四个阶段。在每一个教学阶段中，教师都要精心设计，科学实施。

（一）选择词语

汉语老师上新课时，首先要面对的是生词。每一新课都有很多生词，汉语课堂讲究精讲多练，教师不能花大量课堂时间讲生词，这样势必不能每一个生词都要讲，而应该有所选择。那么应该挑选哪些生词去讲？在所挑选的生词中哪些生词精讲，哪些生词略讲，这里边实际上体现着汉语教师对学生程度以及词语本身情况的准确把握能力。选择生词要注意以下几个问题：

1. 对韩国学生来讲，汉字词要略讲，汉语词汇要详讲。

汉字词中，音近义同的汉字词告诉学生即可，意义用法有区别的汉字词只讲清区别，不必占更多时间；对一些非汉字词要根据情况适当多讲。

2. 从词性上看，实词要略讲，虚词要详讲。

实词比较形象，学生容易理解。虚词包括介词、连词、副词、助词等，其词汇意义虚渺，语法意义丰富，学生学习起来比较困难。教师面对生词不能平均使用力量，要有所侧重和取舍。

讲虚词时，一定要讲清这些虚词的用法，让学生能够运用。比如，讲介词"朝"时，要讲清"朝"表示动作的方向，如"朝北走"，此外，还要讲清楚"朝"与"往"、

"向"等介词的区别。如：

表11 汉语介词"朝"、"向"、"往"功能比较

比较 介词	宾语		动词		补语
	处所或 方位词	人	人的身体 动作	抽象的动词	
朝	＋ 朝北走	＋ 朝我笑	＋ 朝我走来	－ *朝他学习	－ *飞朝北京
向	＋ 向北走	＋ 向我笑	＋ 向我走来	＋ 向他学习	＋ 飞向北京
往	＋ 往北走	－ *往我笑	－ *往我走来	－ *往他学习	＋ 飞往北京

类似虚词需要教师耐心细致地讲解，归纳更要简洁到位。

对待实词也要有所区别，一般来说名词不必精讲，但一些抽象名词如"经验"、"兴趣"等要讲透；动词中一般动作动词要略讲，比较抽象的动词如形式动词"进行"、"加以"等、某些能愿动词如"肯"、"会"等、离合词如"见面"、"毕业"等要根据学生的情况讲清其用法。此外一些实词的特殊用法，如动词、形容词、名词及代词的重叠用法等要讲清楚。

3. 从文化角度上看，韩国学生不熟悉的文化词语要多解释。

词汇和文化的关系最为密切，教学中教师要把语言知识的传授和词语文化意义的揭示有机地结合起来。

中韩文化接近，一些文化词韩国学生比较熟悉或容易理解，如"诸葛亮、潘金莲、状元、秀才、和尚、念经、八卦、阴阳、仁、义、礼、智、信"等，这些不用多解释；也有一些中国文化内涵丰富的词语，例如："有喜、红豆、吃醋、绿帽、打棍子、裙带关系"等，这些词韩国文化中没有或韩国学生不熟悉，汉语教师应该讲透其文化内涵及使用环境，避免学生难解、误解和用错。

4. 从词的关系角度来看，多义、反义、近义词以及词的构成要素等要讲解。

单独学习一个词语是孤立的和枯燥的，但是汉语教师应该意识到，词语是成

系统的。在讲解生词时，可以根据教学情况适当扩展。教师可以帮助学生联想已经学过的词语，联想该词的多义、反义、近义以及相关词，这样就能够以点带面，帮助学生构建自己的词汇系统，增强学生的兴趣，迅速扩大学生的词汇量。

汉语词汇由语素构成，大多以单音节语素为构造单位，按照一定的构词法结合而成，语素意义常常制约词义的形成。汉语教学中，尤其是中高级汉语词汇教学中，以语素为中心教学，可以帮助学生建立汉语词汇网络系统。

汉语的构词法与句法在组合结构上有相当的一致性，在教学时要适当地介绍汉语的构词规则。学生掌握了语素的意义和构词法，就可以更加深入地理解词义，并且可以自主学习汉语词汇，扩大词汇量。

汉语词语的语境知识在讲解时必不可少。学生不仅要明白汉语词汇的意义，还要清楚这些词语在什么语境下运用。一些多义词、近义词和虚词的用法，更是在语境中体现出来的，教学中教师要提供充分的语境，让学生能够清楚地体会多义词、近义词以及虚词的意义和用法。

（二）展示词语

1. 词语的展示顺序

每一课后面都有生词表，一般来说，这些生词表里的生词都是按照课文中出现的顺序排列的，其优点是便于学生查找和预习。但教师展示生词时，也可以打破原来的顺序，按照不同的目的对生词表再加工，重新排列教学顺序，以方便教学，增强学生兴趣，便于学生记忆。

常见的排列方式有：

（1）按不同的话题分组排列

可以根据讲解与练习的需要，将相互有联系的，具有共同话题价值的生词分成不同的生词组，以话题为主线串联生词。比如一课的生词可以设计成"旅行"、"买东西"、"天气"、"交通"等不同的话题组。

按照话题设置语境，在语境中讲解生词，不仅能够使学生进入语境体会生词的用法，而且能够增强学生的学习兴趣，便于学生记忆。此外，以话题为中心，由词到句，由句到篇地讲生词，可以使学生能够立体地掌握生词，更快地进入表达层面。最后，生词练习也可以与话题挂钩，便于降低练习的难度，增强学生的信心。

（2）按照不同的词类分组排列

汉语的词没有形态标志，学生难以辨别。在讲解生词时，可以有意识地加强学生汉语的词类印象。可以按照词类给生词分组，如名词组、动词组、形容词组、副词组、介词组、连词组、助词组等。由于同一词类有相对一致的语法特点和用法，所以按照词类讲解可以帮助学生理解各类词的功能特点，讲解时还可以避免重复，提高效率。

2. 词语的展示技巧

（1）演示法

展示生词时，方法越简单越形象，学生越容易理解。常见的有实物或图片展示法、体态动作展示法等。

A. 实物、图片展示法

一些实词，如名词、动词、形容词可以采用实物或图片展示，这种方法可使学生一目了然，节省时间。讲这些生词时，教师可以将重点放在纠正读音上，提高效率。比如：

旗袍

购物

沼泽

B. 动作、体态展示法

对于一些动作动词，如"拥抱"、"招手"、"游泳"等，教师可以通过动作体态演示即可，不必花费时间去解释其意思。教师也可让学生做动作，以检验学生掌握的程度。

（2）信息展示法

A. 听写

听写是一种很好的检验学生词语掌握程度的手段，也是一种展示词语的手段。汉语词汇"音 $\xrightarrow{\text{理解}}$ 义 $\xrightarrow{\text{显示}}$ 形"三位一体。听写可以帮助学生熟悉汉语的特点，建立词语的立体概念。

听写的时候，教师可将欲重点展示的词语请一两个学生到黑板的指定区域上书写，其他同学在座位上写。听写以后，教师带领学生检查听写情况。检查方式可以是教师直接指出错误，也可以让学生上来更正。更正之后，教师可以顺便将学生在黑板上书写的重点生词展示给学生，这样做的好处是自然紧凑，学生印象深刻。

B. 朗读

朗读是一种传统的教学方式和展示方法，这种方式在汉语课堂教学环节中不可或缺。通过朗读可以促使学生建立形音义的联系，加深记忆。朗读可以分为领读、齐读、点读、轮读、认读等。

领读就是教师示范朗读，学生跟读。这种方法对初中级汉语水平的学生很重要，学生可以通过模仿教师发音，习得词语的正确语音语调。

齐读是指让学生一起朗读，这种方法节省时间，可以让学生在朗读中相互学习和配合，但教师往往不能判断个体的发音状况。

点读是指定某个学生单独读，这种方法能够有针对性地纠正学生的发音失误，但如果每个学生都读的话，比较浪费时间。教师可以挑选问题突出或问题有普遍性的学生读，教师借此纠正。

轮读是按照生词顺序每个学生依次读一个或若干个生词，这种方法可以使全班学生机会平等，但缺点是没有针对性。

认读常用于检查学生对生词的掌握情况，教师可以板书或用生词卡让学生辨读。

（三）解释词语

词语解释是词语教学的重点。对词语的解释，一般应包括解释词语的意义和用法两方面。词语的意义包括词语的基本意义、语境意义、感情色彩等，用法包括词语的基本语法功能、在句子中常处的位置、词语的搭配规律及习惯、词语的使用范围等。

解词时要做到运用准确生动的语言给学生解释词语，让学生明白词语的基本意义，掌握词语的正确用法。解释词语时常用的课堂教学方法有以下几种：

1. 形象解释法

汉语课堂教学中，讲解生词不能花费较多时间，解释的方法越简单明了越好。

（1）直观法

就是用实物、卡片、视频等形象化手段来解释。如我们讲水果"龙眼"一词时，可以直接拿一个龙眼实物或图片让大家看就行了。如我们讲"微笑、大笑、狞笑、奸笑、傻笑……"时，就可以用卡片、幻灯或视频的方法展示。这种方法一目了然，节省时间。

（2）演示法

一些动词、形容词、名词等语义上蕴含动作性，如果靠语言解释，既浪费时间又不容易解释清楚。教师可以通过自己或学生的表演来进行解释。比如动词"蹒跚、作揖"等，老师可以通过做动作，让学生将语言符号与意义之间建立起联系。这种方法可以活跃课堂气氛，提高教学效率。

教师讲这些词时可以腾出释义时间将重点放在讲解这些词的用法上，如："拥抱"后面可以跟宾语，也可以用介词引进宾语："拥抱她"、"跟/同她拥抱"；但"招手"、"游泳"后面不能跟宾语，要用介词引进宾语："向……招手"、"在……里游泳"等。

2. 语言解释法

（1）词语替换法

用学生母语或学生学过的汉语词汇来替换生词，从而达到释义的目的。

A. 韩语替换

将生词直接翻译成韩语，这种方法对讲解汉字词来说尤为合适，如讲"故意"时，直接告诉学生"고의로"即可。

这种方法简便易行，省时省力，缺点是会造成学生对母语的依赖。另外，一些汉字词汉韩意义和用法不完全一致，教师一定要加强对比，讲清区别。

B. 旧词释新词

在学生具备一定的语言能力的基础上，可以用学生已经学过的词语来解释新词，这也是常用的一种方法。如用"出发"解释"动身"，"参加工作"解释"就业"等。

用旧词解释新词可以有效摆脱学生对母语的依赖，并可以复习、巩固已学过的词语。

C. 用同义词（结构）替换

用学生学过或知道的同义词（结构）来解释新词，可以帮助学生理解，更重要的是可以帮助学生丰富自己的词汇系统。

如，可以用"喜欢"解释"爱（爱打篮球）"、"好"、"爱好"、"对……感兴趣"等。不过，严格地来讲，没有意义用法完全相等的同义词。在讲解时一定要注意讲清同义词之间的区别，否则就会误导学生。如"喜欢"后可以跟名词性成分也可以跟谓词性成分，如"喜欢泡菜"、"喜欢吃泡菜"；而"好"后面只能跟谓词性成分，如"好吃泡菜"。如果教师不交代清他们之间的区别的话，学生就会造出"我好泡菜"这样的句子。

D. 用反义词（结构）替换

通过反义词的对比来解释词义，也是一个好办法。如：

讨厌——喜欢　　冷静——激动　　经常——偶尔

注意一些反义词也不是完全对等相反，比如"讨厌"应该是"很不喜欢"的意思。教师要注意提醒学生。

（2）语素义解释法

汉语的复合词是由语素按照一定的构词规则形成的，其语素意义常常决定或影响复合词的意义。有的时候明白了复合词的构成成分意义，就基本上能够猜出复合词的意义。如：

惊喜=吃惊+高兴

缺德=没有+道德水平

自费=自己+付费

用语素义解释生词的好处是，可以帮助学生理解和熟悉汉语词语的形成规律，培养学生的自学能力。

需要注意的是，要告诉学生并不是每个词汇都是语素义的简单相加，如：

反正≠反面+正面

再说≠再+说话

（3）描述法

用学生可以理解的汉语语句去描述生词的意义，如：

区别——不一样的地方

就座——坐到座位上

注意在用描述法时，不能用更难的词或语句解释，否则学生就会更加迷惑。如解释"毛衣"时说"毛衣是用动物的毛织成的衣服"。可能学生不知道"动物"、"毛"、"织"等词语，教师再回过头来解释这几个词语不仅耽误了时间，而且脱离了课堂目标。

（4）举例法

对于一些意义抽象的词语，可以给学生一些例子，让学生去体会。

比如在讲解"过分"这个词时，我们可以说：

① 明浩竟然打他的妈妈，太过分了。

② 美贞常常随便扔垃圾，很过分。

③ 老师批评学生不交作业，并不过分。

学生能够根据这几个句子的意思，体会到"过分"是"说话、做事超出一定的标准和限度"的意思。

（5）语境释义

讲生词时最好给出该生词的使用语境，因为词语的意义常常是在语境中体现的。设定学生熟悉的或亲身经历的语言环境，让学生从词的实际运用中体会词义，可以帮助学生恰当地理解和使用词语。

比如解释"值得"的词义，可以给学生这样的语境：

④ 学汉语能帮助我找到好工作，所以我们用很多时间学汉语——很值得。

⑤ 你花了两千块钱买了一双鞋，可是那双鞋质量、样子并不好，我们就可以说花两千块钱买那双鞋——不值得。

用语境来解释近义词也很适用，如韩语中没有"了解"一词，"理解"包含汉语"了解"的意思，所以韩国学生常常将本应用"了解"的情况，用"理解"代替，如：

⑥ *我和同屋一起住了半年，我很理解我的同屋。（应该用"了解"）

⑦ *我不理解中国文化。（应该用"了解"）

在汉语中"了解"和"理解"都有"知道（详细情况）、明白、懂得"的意思，但"理解"还有"经过深入思索懂得其中道理和用意"，以及"认为某种情况不奇怪甚至是合情合理的"意思；而"了解"还有通过调查、询问而知道的意思。

这些异同课堂上教师不便描述，设置语境让学生体会可能效果更好。如教师可以跟学生互动对话：

师：你认识你的女朋友多长时间了？

生：两年多了。

师：你了解她吗？

生：了解。

师：你是怎么了解她的？

生：我们是通过一起玩儿和聊天了解的。

师：如果你的女朋友跟别的男同学一起去旅行，你能理解吗？

生：不能理解。

3. 解释词语时需要注意的地方：

（1）要让学生充分参与

讲解生词容易使课堂沉闷，所以老师不要唱独角戏。学生要尽量多说，老师要尽量少说。要让学生积极参与，这样才能调动学生的积极性，增强学生的信心，锻炼学生的表达能力，活跃课堂气氛；教师少说，才能给学生参与和练习的时间。比如讲生词时，能用图片、动作等简洁的方法，就不用语言解释；一定要用语言解释的可以采用启发式、会话式让学生参与进来——通过对话让学生说出该生词，启发学生用所学的生词说一个句子；如果是中高级水平的学生，可以尝试让他们用汉语解释生词，可以由一个人主讲，其他人更正、补充，最后由教师讲评等等。

（2）多给例句让学生体会

讲解生词时，切忌把词典的注释一股脑地扔给学生，因为中国词典中的注释一般不适宜原封不动地拿来给学生讲解。

如"其实"在《现代汉语八百词》中被解释为：表示所说的情况是真实的。用在动词前或主语前。a）引出和上文相反的意思，有更正上文的作用。b）表示对上文的修正或补充。

要是把这些直接说给学生，学生肯定会一头雾水。因为学生的汉语水平有限，一些词语如"引出、上文、更正、作用、表示、修正、补充"等比"其实"更难；而且即便教师把这些词语解释清楚了，学生也不知道如何去用。所以设置语境，给出例句让学生体会，更为简洁有效。如：

⑧ 看起来她像韩国人，其实她是中国人。

⑨ 都知道她的汉语很好，其实她的英语也很好。

因此，在汉语词汇教学中，教师的例句很重要。

设计例句一定要恰当，恰如其分，学生才能学用顺利，否则，生词讲解就会变成一团乱麻，影响教学效果。

4. 设计例句应该注意以下几个方面：

（1）例句要提供充分的信息

例句信息充分，学生就能在较多的语境信息中揣摩进而理解词语的意义。有的例句信息缺乏，学生就难以理解到位。如老师教"简直"时给这样的例句：

⑩ 这里的西瓜简直太便宜了。

⑪ 这里简直住不下去了。

⑫ 我简直不知道他说什么。

这些句子没有语境信息，学生不能通过这些例句体会出"简直"的意义和用法。应调整为：

⑬ 买一个西瓜只花 3 元钱，这里的西瓜简直太便宜了。
⑭ 这里没暖气，房间白天只有 2℃，太冷了，我简直住不下去了。
⑮ 我刚来中国时，出租汽车司机说话太快，我简直不知道他说什么。

通过这些例句学生一般能够揣摩出"简直"的用法是强调完全如此或差不多如此，含有夸张的语气。

（2）例句的语境信息要便于学生理解

教师在设计例句时，要特别注意学生对语境信息的接受程度。要设计跟学生汉语水平相当的语句，尽量选择跟学生密切相关的、符合学生文化、理念的生活背景，以降低学生的理解难度，便于学生将注意力集中于对生词的理解上。如有的教师讲"居然"时，用以下例句：

⑯ 这里的麻辣烫店居然是东北人开的。
⑰ 爸爸居然一星期喝三次酒。
⑱ 他居然跟女朋友住在一起。
⑲ 我去晋西南偏僻农村调研时，发现有的老太太居然还绑着小脚！

例句⑯，对有些韩国学生尤其是对没来过中国的韩国学生来说，可能他不知道"麻辣烫"是什么，也不知道"麻辣烫"与"四川"、"东北人"之间的关系，所以他们难以体会出"居然"的意义。例句⑰，对韩国人来讲，经常甚至每天晚上喝酒会友并不稀奇。例句⑱，对一些年轻人来讲，跟女朋友住在一起也不奇怪，这个句子也不能启发学生体会"居然"的意思。例句⑲，首先例句长，一些词语较难，不容易让学生迅速了解句子的意思；其次文化背景学生也不了解，"绑小脚"是中国过去的一种风俗，许多韩国学生不熟悉这一中国传统文化，这一背景信息不能有效地启发学生，反而给学生带来理解上的障碍。

（3）例句要有针对性地展示词语的用法

例句应该紧紧围绕被释词语的意义和用法来设计，要体现语法信息。否则就不能达到教学效果。如一位新教师讲"毕业"一词时，只给了一个例句：

⑳ 小王马上就要毕业了。

这样的例句除了没有为"毕业"提供充足的语境信息外,也没有给学生充分的语法信息。因此教师应该根据"毕业"的语法特点和学生的习得情况,给出足够的例子,让学生体会和模仿。如:

㉑ 小王大学四年级了,马上就要毕业了。
㉒ 小王北京大学毕业。
㉓ 小王毕业于北京大学。
㉔ 小王大学毕业三年了。
㉕ 如果不好好学习,就毕不了业。
㉖ 毕了业,小王就去工作。

例句㉑展示了语境信息,帮助学生理解"毕业"的意义;例句㉒㉓展示了"毕业"不及物动词的用法:给学生示范"毕业"与学校的搭配方式,因为学生常常说"我毕业大学"一类的错句;例句㉔给学生示范"毕业"与时间词的搭配方式,因为学生常说"我三年毕业了"之类的错句;例句㉕㉖给学生示范"毕业"离合词的用法,因为学生常说"我今年毕业不了"之类的错句。

5. 生词的讲解要有章法

课堂词汇教学要屈伸有度,讲解时间不能太长,不能通堂讲生词。

(1)生词讲解可以跟课文、练习穿插着进行

比如根据课文的需要,将生词分为几段去讲。讲解一段生词,处理一部分相关课文、做一批相关练习,学——用——练贯通,到最后生词、课文、练习同时结束。这样不仅学生学习容易,课堂教学也不至于呆板枯燥。

(2)生词要适当讲解

生词中有的是多义词,有些生词还有很多用法。教师在讲解这些生词时,可以适当扩展。但一定注意,不能将某个词语的所有意义和用法都抛给学生而无限扩展,造成学生"消化不良"。

生词讲解时,要重点讲清该词在课文中的意义和用法,然后在时间允许的情况下,根据学生水平和需要适当讲讲该词的其他常用义项和用法。

如：讲"打"这个词,"打"有很多用法,讲解时除了告诉学生基本义外,可以适当扩展"打电话"、"打的"、"打招呼"等,至于其他意义和用法可根据需要留待练习中扩展或以后补充。

讲"比"这个词,一定要讲"比"字句格式。用"比"的比较句格式很多,可以将跟课文相关的比较句格式重点讲解和训练,再适当扩展常用的一两个格式即可,不必将所有格式一次都教给学生。

这样做,既照顾了学生的接受程度,又控制了课堂节奏。

6. 要让学生用生词表达语句

学习生词的目的不仅是让学生明白该词的意思,重要的是让学生能够用生词表达思想。表达的基本单位是句子,因此讲生词时,一定要引导学生说出句子来。

(四)练习词语

通过上述几个步骤,学生基本上理解了词语的意义和基本用法,这时教师要组织学生有效地练习,巩固学习成果,培养学生的语感和运用词语的能力。词语练习大体可以分为意义练习、用法练习和综合练习等。

1. 意义练习

(1) 生词认读

生词认读就是从语音和字形上对学生进行视觉和听觉的信息刺激,让学生建立起词语形音义之间的联系,以加深印象。方法有:

A. 朗读生词

教师可以领读课文中的生词,也可让学生自己读课文的生词。

B. 生词卡认读

教师将生词做成卡片,课堂上出示卡片,让学生认读。

C. 图片、实物认读

教师课堂上给学生出示图片,让学生猜出图片情景所体现的词语。如出示一张公园的图片,指点图片让学生说出其中"草坪、花卉、游船、恋人、锻炼"等词语。

教师可以事先准备好一些实物或者利用教室里的东西,组织学生练习。

D. 体态或动作认读

教师或学生用身体语言演示，让学生说出所表现的词语。如"端、戴、哭鼻子、打盹儿、叹气、照相"等等。

（2）生词辨写

在生词学习之前或之后，可以用听写的方法，检查学生是否在字形、语音和意义之间建立起了稳定的联系，尤其是学生是否掌握了汉字字形。

也可以让学生根据拼音写生词，如：

① 来中国以前，爸爸妈妈 gǔ lì（　　　）我在中国好好学习汉语。
② 这部电影介绍的是一个 làng màn（　　　）的爱情故事。
③ 小王考上了最好的大学，朋友们都很 xiàn mù（　　　）他。
④ 他的工作得到了老板的 chéng rèn（　　　）。
⑤ 孙中山从小就很 cōng ming（　　　），非常喜欢买书、读书。

（3）交际练习

教师可以和学生通过问答方式练习生词。教师可以设计问话，让学生用学过的生词回答，并在互动中及时纠正学生在回答时出现的错误。

师生用"嫌"会话：

㉗ 你怎么和你的男朋友吹了？
　　——我嫌他没有能力。
㉘ 你为什么不去王府井买东西？
　　——我嫌王府井的东西太贵了。
㉙ 你为什么不自己做饭？
　　——我嫌麻烦。

也可以将几个生词综合练习，例如练习"从小、味道、相当、拿手、从来"等词语，可以用下面的方法进行交际练习：

师：妈妈做的饭怎么样？
生：味道相当不错。
师：你妈妈做得最好的菜是什么？

生：她的拿手菜是泡菜。

师：你从什么时候开始喜欢吃泡菜？

生：我从小就喜欢吃泡菜。

师：你喜欢吃狗肉吗？

生：我从来不吃狗肉。

也可以学完生词以后，让学生分组用生词作问答会话，教师巡视指导。

（4）描述猜读

还可以增大难度，引入竞争机制，让学生猜读。教师用语言（可以借助于道具、动作）描述意义或场景让学生猜认生词。比如我们学过"一流"、"模糊"、"浪费"等词语，老师可以用句子描述，让学生猜读。

㉚ 师：北京大学在中国是最好的大学。这个句子我们不用"最好"，还可以说——

　　生：北京大学在中国是一流的大学。

㉛ 师：她照的相片有点不清楚。

　　生：她照的相片有点模糊。

㉜ 师：饭馆里两个人点了十个菜，吃不了，太——

　　生：太浪费了。

也可以在学生熟悉这个练习以后，让学生上台来描述，其他学生猜读。为了激励学生的热情，也可以采取分组竞猜的方式，哪个组猜得快猜得多，哪个组优胜。

（5）联想扩展练习

A. 同义词、反义词练习

教师指定几个生词，让学生回忆知道的同义词或反义词。这样可以培养学生通过意义联想词语的能力，加强对词语的记忆，丰富自己的词汇系统。

B. 情景归类

教师可以设定一个范围或情景，让学生用生词和知道的词句去表述。

如交通，可让学生联想有关词语：汽车、公共汽车、地铁、出租车、飞机、轮船、火车、自行车、摩托车、公路、高速公路……

学完有关性格的生词，教师让学生用形容词或短语描述韩国人的特点，学生可能会说出：热情、友好、大方、直率、有礼貌、努力、着急……

再比如学完了有关饮食类的课文，可以让学生描述中国饭馆，学生可能会说出：菜单、点菜、热闹、可口、油腻、麻婆豆腐……

此外教师可以根据需要设置"运动"、"旅行"、"购物"、"交友"、"风俗"、"学习"场景等等。这种方法能够引导学生对意义密切相关的词语进行归纳，促进学生思维，帮助学生巩固记忆，扩大词汇量，调动学生的积极性。

C. 语素归类

学过一个词语，教师可以让学生联想具有相同语素的词语。比如学了"气愤"可以让学生联想——"生气"、"气氛"、"泄气"、"气质"、"气功"、"气流"、"大气"、"空气"、"气象"等。

学了"好吃"，可以启发引导学生联想：

好 —— 好喝、好听、好看、好学、好拿、好走、好用……
↓
难 —— 难喝、难听、难看、难学、难拿、难走、难用……

教师让学生联想具有相同语素的词语，可以强化学生的语素观念，帮助他们掌握语素意义，让学生尽快适应汉语的构词规则，扩大词汇量。

2. 用法练习

词语练习不仅要让学生正确领会生词的基本意义、语境义、感情色彩，更重要的是让学生能够准确而得体地运用。

（1）词性练习

韩语的词类有标志，比如一些名词等加上动词标志就变成了动词；而汉语词类无标志，词性比较复杂。此外一些汉字词汉韩词类归属不同，如"忽然"，汉语是副词，而韩语是形容词；"突然"在汉语中既可作副词又可作形容词，而韩语中"突然"只能做形容词。因此韩国学生在造句中常常犯词类错误。对韩国学生来讲，词语的词性辨识和练习很有必要。

练习时，除了让学生辨识某词的词性，还要有针对性地让学生练习体会某类词的规律和用法。如形容词的用法：汉语形容词可以单独作谓语，不用"是"引导；

形容词一般不单用,除非对照句等有语境信息补充的句子等。这些对韩国学生来说比较生疏,容易出现偏误。如韩国学生常说"有的中国菜是很油腻","我的女朋友忙"等。教师可以根据韩国学生的偏误特点设计练习。

就一个词类内部来讲,其用法也存在差异,如动词按照不同的标准可分为行为动词、心理认知动词等;体宾动词、谓宾动词;及物动词、不及物动词;离合词、非离合词……因此,教师在讲解时要突出某词的细节特征。如心理认知动词有的前面可以用程度副词修饰,有的不能;有的后面可以接谓词宾语,有的可以接体词宾语,有的不仅可以带体词宾语也可以带谓词宾语。如:

让学生更清楚地理解生词的语法功能,运用时可以更加准确和熟练。

(2) 搭配练习

A. 实词搭配

不同的动词搭配的名词宾语不同,如:

　　保护——财物、环境、大自然、文化遗产、利益……
　　保留——照片、衣服、意见、权利、实力……

不同的名词也要求不同的动词搭配,如:

　　汽车、公共汽车、出租车、飞机、轮船、火车——坐、开
　　自行车、摩托车——骑

不同的形容词与名词或动词搭配不同,如:

　　严重——问题、性质、错误、灾害、病情……
　　严格——纪律、训练、作风、要求……

有的时候,汉韩搭配习惯不同,教师组织学生对一些易偏误词语进行搭配训练,可以帮助学生记住那些常用的习惯搭配,培养一定的语感,提高词汇的准确运用程度。

如教师设计练习让学生在括号里填上适当的词语:

高级（　　　　）　　　整个（　　　　）
业余（　　　　）　　　相当（　　　　）
热爱（　　　　）　　　享受（　　　　）
放弃（　　　　）　　　优美的（　　　　）

B. 虚词搭配

除了实词外，教师也要注意提醒学生一些虚词的搭配要求，比如"确实"、"实在"。"确实"可以跟表积极意义的形容词搭配，也可以跟表消极意义的形容词搭配；而"实在"常跟表消极意义的形容词搭配。韩语中只有跟"一点儿"对应的词语，没有跟"有点儿"对应的词语，所以学生常常在"有点儿"和"一点儿"与形容词搭配上出现偏误，如"今天一点儿冷"，"这件衣服有点儿好看"等，教师要注意告诉学生它们的不同搭配规律，请看下表：

表12 "一点儿"和"有点儿"用法比较

	形容词位置	所搭配形容词	格式意义	例　句
一点儿	形容词+一点儿	消极、积极均可	表比较	这个不好，那个好一点儿。
有点儿	有点儿+形容词	消极意义	表消极感受	这件衣服样子有点儿过时。

C. 量词搭配

韩语也有大量的量词，有的与汉语用法相同或相似，如"层、次、双"等，也有一些与汉语用法不同，如汉语量词"小时"，韩语是"时间"；汉语"第一届"、"一封信"、"一根香烟"的量词"届"、"封"、"根"韩语分别用"回"、"桶"、"台"等。

另外汉语中有一些量词在韩语中没有对应的量词，如"一位客人"的"位"等。

汉语量词与名词和动词的搭配有很多目前难以说出理据，所以量词搭配必须通过反复训练才能内化。教师可以根据学生的情况设计一些练习，如教师展示一些名词或动词，要求学生写出或说出相配的量词；或展示量词，让学生写出或说出相配的名词或动词。

可设计下面的练习：

【在空格处填上合适的量词或名词】

① 孙中山是一_____伟大的政治家。
② 如果你喜欢这张_____，我就送给你。
③ 她长着一_____漂亮的黑发。
④ 我给妈妈写了一_____信。
⑤ 给妈妈发 E-mail 是我每个星期都要做的一件_____。
⑥ 你家有几_____房子？
⑦ 每天睡觉前，我总喜欢放一_____音乐。
⑧ 她的姐姐会说四_____语言。

对中高级汉语水平的学生，教师可以给学生展示量—动、量—名之间的复杂关系，即每个量词都可能有若干名词或动词搭配，每个名词或动词都可能有若干量词搭配，如：

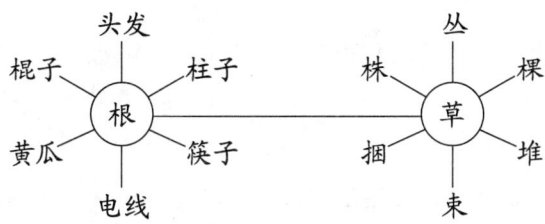

（3）离合词练习

汉语词汇中，离合词是一个特殊的门类。这类词的两个语素一般构成动宾关系，两个语素可离可合，合在一起是动词，离析时中间插入动态助词、数量词、名词、形容词等成分，上升到句法层面。

由于不同的离合词的扩展形式都不尽相同，所以不同的离合词扩展形式有哪些，哪些是主要扩展形式，这些教师要首先明白，然后才能有针对性地让学生训练。如：

睡觉——睡不着／得着觉、睡不好觉、睡不了觉、睡大觉、睡了觉、睡了一个小时的觉、睡了个囫囵觉、睡一觉、睡过觉

吃亏——吃了亏、吃大亏、吃过亏、一点儿亏不吃、吃价格的亏、吃了不懂法律的亏

教师可设计一些练习，让学生训练，如：

【选出所给词语合适的位置】

① 吃完 A 饭 B 我睡了 C 觉 D。　　　　　　　　　　　　　（一会儿）
② 我让孩子们洗 A 澡 B 就去休 C 息 D。　　　　　　　　　（完）
③ 我抬 A 头一看，只见她唱 B 歌 C 走 D 过来。　　　　　　（着）
④ 我们明天还要再 A 见 B 面 C，到时候再 D 告诉他吧。　　（一次）
⑤ 他们是去年 A 十月份在三里屯的一个舞会上见 B 面 C，从那以后他
　们就一直没有联系 D。　　　　　　　　　　　　　　　（的）
⑥ 许多想结 A 婚的年轻人不能结 B 婚，因为他们没有房子，即使结 C
　婚 D 也没有地方住。　　　　　　　　　　　　　　　　（了）

此外还可以让学生用离合词造句、写短文等。

3. 综合练习

在学生充分掌握词语的意义和用法的基础上，可以进行词语的综合练习，常见的方法有：

（1）选择判断

汉语词语大部分是多义词，用法也复杂。教师可让学生在阅读中判断词语在语句中的意义和用法，选择合适的答案，如：

① 不少科学家打小儿就表现出与其他人不同的兴趣倾向。
　　A. 从　　　　B. 临　　　　C. 在　　　　D. 当
② 他该我一百块钱都快一年了，到现在还没还。
　　A. 欠　　　　B. 应该　　　C. 活该　　　D. 借给
③ 他这人说话很干脆。
　　A. 痛快　　　B. 啰唆　　　C. 动听　　　D. 响亮

这种练习不仅训练学生对词语语境意义的理解能力，而且考查学生词语用法的辨别能力，更重要的是锻炼学生的阅读能力。

（2）选择填空

教师可以设计练习，检查学生能否将一个词与另一些词区分开来，这种区别

可能是意义上的，可能是用法上的，也可能是字形上的等等。如选择一组词，让学生从中选择合适的词语填入所给的位置。这一组词或者有意义上的正或反的联系，或者在意义上完全没有联系。这种方法可以训练学生词语的辨别能力。如：

【选词填空】

快乐　乐观　冷静　独立　积极　外向　内向　聪明

① 毛毛的性格比较_____，上课的时候老师不问他，他就不说话。
② 他的脑子很_____，不管学什么都很快就能学会。
③ 朋友希望我在中国每天的生活都很_____。
④ 比赛的时候，他有点不_____，和对方的球员吵了起来。
⑤ 越来越多的父母希望自己的孩子能早点_____生活。
⑥ 小王工作很_____，从来不要老板告诉他应该干什么。

对中高级学生，教师还可以设计综合填空，训练学生对词语的综合判断能力，如：

都说女人爱假设，男人爱撒谎。更要命的是，女人偏偏爱听男人的___①___，我也不例外。刚结婚那会儿，我也拿那个老掉牙的题目考先生：假如你母亲、妻子一同掉进河里，你要先救谁？我知道我先生是个大孝子，这问题对他而言很残酷。我___②___听到一个美丽的谎言："我当然先救你这个娇妻了！"但___③___我的意料之外，他狡猾地说："先救___④___再跳下河与你共赴黄泉！"我仍然感动，不是因为他的机智，而是因为他的悲壮。

① A. 建议　　B. 假设　　C. 谎言　　D. 好话
② A. 不想　　B. 只想　　C. 担心　　D. 结果
③ A. 不出　　B. 出乎　　C. 果然　　D. 果真
④ A. 母亲　　B. 妻子　　C. 自己　　D. 你们

（3）造句

造句是考查学生词语掌握能力的最为简洁实用的方法，学生如果能够正确地输出句子，就说明这个学生已经基本上掌握了所学词语的意义和用法。

【模仿造句】

教师给学生例句，请学生用规定的词语模仿例句。

① 不管：不管明天是否下雨，我们都去。
　　_____　　　（不管　考试）
② 严重：这个地方的污染很严重，不治理就会影响人们的健康。
　　_____　　（严重　病情　治疗）

也可以指定词语让学生回答问题或完成句子，如：

① 考试以前，_____。　　　　　　　　（千万）
② _____，我们就不等你了。　　　　　（如果）
③ _____，都应该入乡随俗。　　　　　（任何）
④ 今天我们班只来了5名同学，_____。（其他）

（4）写短文

为了训练学生在语篇中运用词语的能力，可以让学生用指定的词语写一段话，如：
用下列词语写一段话（至少用6个）：

　　愿望　感兴趣　平时　之后　从此　比较　从来　根本　方面　起来

（5）改错句

教师自己根据学生对词语掌握的问题，设计一些错句，让学生判断并改正，如：
判断下列句子正误，正确的句子画√，错误的句子画×并改正：

① 我爸爸以前建筑的工作。（　　）
　　_____

② 我觉得他的性格软，他不喝酒，也不抽烟。（　　）
　　_____

③ 高考马上开始了，这是一个严峻的时刻。（　　）
　　_____

这种方法可以训练学生词语意义和用法的辨别能力。

（6）综合理解训练

学习词语的目的，不仅要让学生掌握所学词语的意义和用法，还要培养学生的语感，训练学生形成对未见过的词语的判断感知能力，对中高级水平的学生来说，这一点非常重要。教师可以设计阅读理解短文，让学生根据语境判断理解短文的内容及其指定词语的意义，如①：

听说欧洲有个文学家，他有个古怪的习惯，就是写文章从来不坐着。别人问他不坐着写的缘故，他回答说："坐着写太舒服，文章一写就长。站着写容易腿疼，所以肯定写得短。为了写得短一点，所以站着写。"现在许多人喜欢写长文章，报纸上三番五次地提出要少写"繁文"。现在"繁文"还是这么多，难道都是因为坐着写的缘故？

文章的长短和坐着写或站着写当然关系不大。最近读《费尔巴哈哲学著作选集》，有一段谈写文章的话，讲得很好，也帮我们找到了一些人好写长文章的原因。他说："人们不是为自己，而是为别人写作，至少我自己肯定不会给自己写东西。所以我尽量写得明白简洁，我不愿给别人增加麻烦。"

写作是为了别人，这并不是什么高深难懂的道理，可是我们常常忘掉这一点，所以"明白简洁"就离我们而去，"繁词冗语"自然就从笔下流出，这就给别人带来了许多的麻烦。

① 欧洲的那个文学家（　　）
  A. 长得非常奇怪　　　　B. 腿有点儿问题
  C. 喜欢写长文章　　　　D. 总是站着写作

② 根据上下文判断，"繁文"的意思大概是_____。

③ 下面左边是一组词语，右边是对这些词语的解释，请将词语和它的正确解释连接起来：

   缘故　　　　尽最大的努力
   尽量　　　　很多遍
   古怪　　　　非常复杂，不容易明白
  三番五次　　　　原因
  高深难懂　　　　跟一般情况不同，很特别

---

① 本例系北京大学对外汉语教育学院汉语考试题。

参考文献

[1] 崔永模. 2002. 韩、汉语构词法的异同[J]. 山东教育学院学报（1）.

[2] 杜艳青. 2006. 韩国学生汉语词语偏误分析[J]. 安阳师范学院学报（1）.

[3] 甘瑞瑷. 2002. 韩中同形异义汉字合成词的对比分析[J]. 广东社会科学（4）.

[4] 贺国伟. 1998. 韩国语中的汉字源词及对韩汉语的词语教学[J]. 华东师范大学学报(哲学社会科学版)（2）.

[5] 李大农. 2000. 韩国学生"文化词"学习特点探析——兼论对韩国留学生的汉语词汇教学[J]. 汉语学习（6）.

[6] 连晓霞. 2001. 初级汉语词义教学的扩展法[J]. 天津外国语学院学报（3）.

[7] 刘红英. 2004. 韩国学生汉语词汇使用偏误分析[J]. 沈阳师范大学学报（社会科学版）（3）.

[8] 柳智恩. 2007. 汉韩汉字词的比较研究[D]. 长春：东北师范大学硕士学位论文.

[9] 马洪海. 2004. 摸清规律有的放矢[J]. 天津外国语学院学报（2）.

[10] 孟柱亿. 2004. 韩国人汉语词语偏误分析[A].//第七届国际汉语教学讨论会论文选[C]. 北京：北京大学出版社.

[11] 奇化龙. 2000. 中韩同形词正负迁移初探[J]. 汉语学习（1）.

[12] 全香兰. 2004. 汉韩同形词偏误分析[J]. 汉语学习（3）.

[13] 王庆云. 2002. 韩国语中的汉源词汇与对韩汉语教学[J]. 语言教学与研究（5）.

[14] 徐茗. 2009. 对外汉语词汇教学中的例句设计[J]. 安徽师范大学学报（人文社会科学版）（4）.

[15] 赵金铭. 2006. 对外汉语词汇及词汇教学研究[M]. 北京：商务印书馆.

[16] WILKINS D A. 1972. Linguistics in Language Teaching[M]. London：Edward Arnold.

第四章
汉字教学的技巧与方法

  汉字、四声、虚词是外国人汉语学习的三大难点。一般人认为，韩国属于汉字文化圈，韩国学生对汉字的识记具有先天优势，因此很多汉语教师不太重视对韩国学生的汉字教学。但教学实践证明，汉字"难认、难写、难用"仍然是韩国汉语学习者尤其是初学者最感头痛的问题。如何提高韩国学生学习汉字的效率，从而使他们通过学习汉字更好地掌握汉语，是对韩汉语教学中一个值得关注的问题。

4장
한자 교육의 기교와 방법

한자, 성조(4성), 기능어(허사)는 외국인이 중국어를 공부하는 데 있어 세 가지 어려운 점으로 꼽힌다. 한국은 한자문화권에 속하기 때문에 한자를 익히는 것으로 말하자면 선천적으로 나은 면이 있기 때문에 한국 학생에 대한 한자교육을 별로 중요하게 생각하지 않는 교수자가 많이 있다. 하지만 실제 교육에서 한자는 "알기 어렵고, 쓰기 어렵고, 사용하기 어렵다"라는 반응이 있으므로 한국인 중국어 학습자, 특히 처음 한자를 배우는 사람이 여전히 가장 힘들어하는 문제이다. 한국 학생의 한자 학습 효율을 어떻게 향상시키고, 이러한 한자 학습을 통해 중국어를 제대로 학습할 수 있게 하는 것이 한국인을 위한 중국어 교육에서 관심을 가져야 되는 문제이다.

一、汉韩文字对比

汉字和韩文（한글）属于不同的文字系统，比较它们之间的异同，可以使我们更好地了解汉字及汉语的特点，有的放矢地进行汉语教学。

（一）书写形式对比

从书写形式看，汉字由笔画到部件到汉字，它们在二维平面上呈现。汉字的笔画有点画、直笔、曲笔、顿角、尖锋等形式，这些笔画之间呈相离、相接、相交等关系布局，按横向、纵向、斜向、变向等方向展开。形成部件之后，部件再呈上下、左右、包围等方式排布，形成一个个方块儿字，如"攀、爨、镶、瓣、麝、圈"。

韩文是字母拼音文字，其书写形式与汉字有相同之处，字母线条也有点画、直笔、曲笔等形式，也是将字母由上下、左右、包围等方式排列，如"조"、"국"、"다"、"의"、"한"等。不过韩文字母有限，书写笔画远没有汉字复杂。

（二）形音义关系对比

从造字原则来看，汉字是音义二维的文字，与语义的联系具有特定性，而与语音的联系不具有特定性。汉字以象形、指事、会意等方法作为造字基础，每个字形记录一个音节，音节直接代表意义，如汉字"菜"是由横竖撇捺点等笔画形式，以"艹、爫、木"部件按照上下架构组成的形体，它记录了 cài 这个音节，代表"蔬菜，供作副食品的植物"等意义。虽然汉字中有大量形声字，不过有很多汉字的声旁随着历史的变迁不能准确地反映读音，如"怡、移"的声旁"台、多"等；一些汉字的声旁虽然可以反映其读音（如上例"菜"的声旁"采"），其声旁也是来源于表意符号。因此汉字与意义的联系是直接的，而与语音的联系是间接的。

135

韩文是形音二维的文字，要通过音位结合或音节结合以后才能表示一定的意义。韩语有40个字母，其中母音（元音，相当于汉语音节中的韵母）21个，子音（辅音，相当于汉语音节中的声母）19个，母音和子音能够拼出所有的韩文字。在韩语里，母音与子音合成一个音节，母音也可以自成一个音节。总的来说，记音是直接的，它的造字原则是通过记音来表义，表义是间接的。

将韩文与汉字分别与形音义的关系图示如下（实线表示直接关系，虚线表示间接关系）：

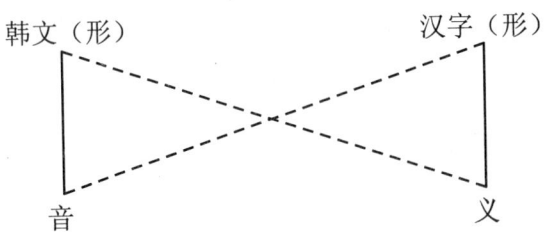

绝大多数汉字既是汉语的表形符号——字，又是表音单位——音节，同时也是表义单位——语素。因此，这些汉字可以单独使用，可以直接参与构词和造句。学习韩语不能只会40个字母或一些简单的音节，还要记住大量的单词；学习汉语如能认识一些字，可能就会了一些词。如"人、目、手、足、天、日、月、木、水、火、土、山、石"等等。

（三）复杂程度对比

汉字字数众多。汉字有多少，大概没有人说得清。《康熙字典》中收楷书汉字47,035个，《说文解字》收汉字9,353个。据资料统计，现代汉语用字在10,000左右，国家公布的《现代汉语通用字表》收录汉字7,000个，《现代汉语常用字表》收录汉字3,500个。

汉字和韩文相比结构复杂得多。

（1）汉字笔画多。以7,000个通用汉字为例，其中9画的汉字最多，其次是10画和11画，笔画在7画至15画的汉字多达5,000个以上。现行汉字中笔画最多的一个汉字是"齉nàng"，笔画多达36画。

（2）汉字形体复杂。汉字的笔画和部件形式多样，笔画组合复杂，部件排列不同，书写方向不一。学习汉字，只知笔画、部件不行，还要知道汉字的结构方式，如："部"——"陪"、"杏"——"呆"等字就是部件相同，排列方式不同。

（3）一些笔画难以区分，如："鼠"，下部两个竖钩，一个斜钩。一些笔画区分很小，如："横折斜钩"（"风"的第二笔）、"横折弯钩"（"九"的第二笔）与"横折弯"（"朵"的第二笔），"横折折撇"（"及"的第二笔）与"横折折折钩"（"乃"的第一笔），"竖折撇"（"专"的第三笔）、"竖折折"（"鼎"的第六笔）与"竖折折钩"（"马"的第二笔）等。

（4）形近字很多，学生一不注意就会写错。例如：

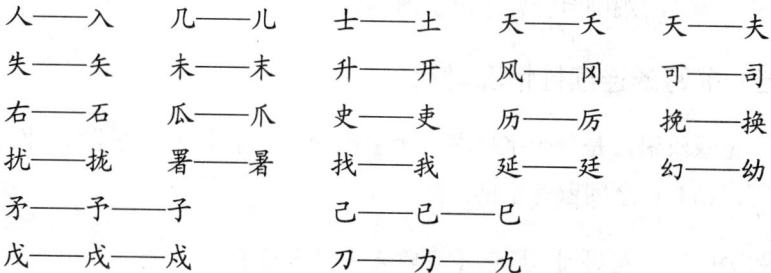

（5）汉字形音义关系复杂。汉字一字（形）多音，一字（形）多义情况普遍。一个汉字，可能代表多个语素，如"白布"的"白"、"白来了"的"白"和"说白了"的"白"；也可能表示好几个音节，如"蒙"——mēng、méng、měng。一个音节也可以反映多个汉字多个语义，如lì——力、立、沥、呖、例、利、粒、励、笠、历、莉、荔、栗、丽、隶……

相对来讲，韩文与汉字相比，其字母数量、笔画形体复杂程度以及形音义的关系要简单得多。

（四）文字理据性对比

许多汉字的构成是有据可循的，有些汉字人们可以见形知义，如"口"、"川"、"炎"、"众"、"泪"、"休"、"凹"、"凸"等。有些字，人们可以见形知类，如看到"江"、"河"、"湖"、"池"、"沟"、"海"、"洋"就可以推知这些字代表的意义都跟"水"有关；看到"蚊"、"蚁"、"虬"、"蜂"、"螨"、"蟑"、"蝇"等就知道这些字代表的意义都跟"昆虫"有关。有些字，人们可以见形循音，如一些形声字通过它们的声旁我们可以推出其读音，如上文的"湖"、"洋"、"蚊"、"蟑"等；也有一些字，我们只能推出其大致读音，如上文的例子中"江"、"河"、"虬"。当然也有一些

137

汉字随着时间的推移，音形之间失去了联系，不能或不容易找到其理据，如上文的例子中"池"、"海"等。

由于汉字具有一定的理据性，我们可以透过汉字看到蕴藏在其中的文化信息。如"杯"字，我们知道，最早的杯子是木制的，而不是玻璃或金属制成的，这个字反映了中国古代的生产技术水平。"思"、"想"、"虑"、"情"、"恨"等从"忄"、"心"，反映了古人的思想认识水平。

韩文也有一定的理据，但是和汉字"理据"不同，韩文的理据是：见形知音，即字母按照一定的规则组合表示出字的读音。

（五）书写的连续性情况对比

汉字记录汉语，是一个字接着一个字地排列，不实行分词连写。而韩文实行分词连写，词与词之间留有空格，如：

저는 어제 도서관에 갔다.（我昨天去图书馆了。）
　我　昨天　图书馆　去

这种情况让韩国学生阅读汉语文本很不适应，他们常常在分词断句上出现偏误。

（六）文字与语言的关系情况对比

汉语的音节结构比较简单，声韵结合只有400多个音节，加上声调也不过1200多个音节。汉语的词形以双音节为主，单音节词形也大量存在，因此汉语词形简短。用这样少的音节来记录表达丰富的汉语，势必会产生大量的同音词（语素），如：

yì——义、益、议、忆、疫、毅、裔、驿、意、艺、易、翼、异、奕、翳、亿、抑、屹、役、逸、肄、臆、谊、溢、熠……

shì——是、氏、士、饰、释、市、式、事、示、视、世、势、适、试、室、誓、逝、柿、嗜、仕、侍、拭、弑……

gōngshì——公式、公事、攻势、宫室、工事

xíngshì——形式、形势、行事

guóshì —— 国是、国事、国势

qīzhōng —— 期中、期终

不过，汉字形态各异，正好可以很好地区分这些同音词（语素）。再比如人们最常见的区分姓氏的表达方式："我姓 zhāng，立早章"、"我姓 zhāng，弓长张"，这样利用汉字的不同写法就可以将两个同音词区分开了。

我国著名语言学家赵元任先生曾经杜撰一个《施氏食狮史》的故事，以显示汉字强大的区分功能：

> 石室诗士施氏，嗜狮，誓食十狮。氏时时适市视狮。十时，适十狮适市。是时，适施氏适市。氏视是十狮，恃矢势，使是十狮逝世。氏拾是十狮尸，适石室。石室湿，氏使侍拭石室。石室拭，氏始试食是十狮尸。食时，始识是十狮尸，实十石狮尸。试释是事。

韩语是拼音文字，在表达上有其独到的优势，但韩语词汇当中存在大量的汉字词，转写为谚文后失去表义性，出现很多同音词，导致意义上的混乱。韩国国立国语院《标准国语大辞典》中，"사기"[saki] 这一汉字词就对应 27 个词语。其中包括"士气、欺诈、瓷器、史记、社旗……。"韩国学者还发现表意的汉字比表音的谚文有更大的信息处理优势，学者们认为使用汉字来构造新词和精确表达复杂的事物非常方便（曹秀玲，2008）。韩国主流媒体《朝鲜日报》2010 年 1 月 30 日发表社论指出："如果不懂汉字就很难提高词汇和国语能力。"

二、韩国学生常见的汉字偏误

在韩国,很多地名人名用汉字标示,韩国学生对汉字并不陌生。韩国中学开设汉文课,教授韩国教育部颁布的 1,800 个汉字,许多韩国学生有一定的汉字基础。

但是韩国中学的汉文课属于选修课,选修汉文的学生比率不是很高,仅占 30% 左右。《朝鲜日报》社论指出:"在公共教育中,汉字教育却没有立足之地。汉字在小学教科书中消失已长达 40 年之久。在初中和高中,汉字属于选修科目,在高考中,只有 17% 的学生选择汉字。"(见 2010 年 1 月 31 日中文版)

即便选修汉文课的学生,大多畏惧汉字的难写、难记,一般只用韩文字母拼读而不练习汉字词的汉字(朴兴洙,2006)。此外,韩国文教部颁布的教育用汉字跟中国国家汉办颁布的《汉语水平词汇与汉字等级大纲》中确定的 2,905 个汉字在数量、写法等方面还有相当大的差别。所以,从整体上看,韩国学生的汉字能力没有想象的好,表现为他们书写中出现的偏误较多。

(一)笔画偏误

一般来说,从起笔到止笔称为一个笔画,笔画是组成汉字的最小的书写单位和最小的认知单元,掌握好笔画是写好汉字的前提和基础。韩国学生尤其是初学汉语的韩国学生在汉字书写上常出现笔画偏误。

1. 误加笔画

① 我的汉语进步了很多。(*步→步,多一点儿①)

---

① "→"表示"正确的写法应该为",逗号后为错误情况,以下同。

② 我的家族有很多人。（*家→家，多一点儿）

③ 我的中国朋友是晓敏。（*晓→晓，多一点儿）

④ 我同屋的专业是历吏系。（*吏→史，多一横）

⑤ 今天不司以去学校。（*司→可，多一横）

⑥ 这个情况是我不知道。（*况→况，多一点儿）

2. 遗漏笔画

⑦ 这件衣服真漂亮。（*真→真，三横少写一横）

⑧ 你到底去不去？（*底→底，少一点儿）

⑨ 这些天，我收获很大。（*获→获，少一点儿）

⑩ 突然下雨了。（*突→突，少一点儿）

⑪ 我不熟悉中国文化。（*熟→熟，少一点儿）

⑫ 我的哥哥。（*我→我，少一撇）

3. 笔画书写错误

⑬ 往石走。（*石→右，撇没出头）

⑭ 今天不可以去学校。（*天→天，横写为撇）

⑮ 我矢败了考试。（*矢→失，撇没出头）

⑯ 我去银行挽了钱。（*挽→换，捺写为竖弯钩）

⑰ 我上午练习跆拳道。（*练→练，横折钩写为竖钩）

⑱ 老板派我来学汉语。（*派→派）

⑲ 我在兆京大学学汉语。（*兆→北）

4. 笔画书写不规范

一些韩国汉字的笔画写法跟中国汉字不同，学生受韩国汉字写法的影响，书写不规范。

⑳ 刚来的时候，我的汉语水平很低。（*低→低，点写为横）

㉑ 考试非常难。（*考→考，横写为撇；*非→非，竖写为竖撇）

㉒ 昨天我八点才起床了。（*才→才，撇出头）

㉓ 我买了羽绒服。（*羽→羽，点儿、提写为撇）

㉔ 我没去过那个地方。（*没→没，横折弯写为横折钩；*那→那，横出头）

㉕ 北京的污染很大。（*污→污，竖折折钩出头）

㉖ 学校食堂的红烧排骨很好吃。（*骨→骨，横折错误）

（二）部件偏误

部件就是复合结构和合体字中大于笔画的结构单位。韩国学生有时对汉字组成部件掌握不好，或受韩国汉字的影响而出现偏误，如：

㉗ 结果，他被老师发现。（*被→被）

㉘ 妈妈含着泪说了。（*含→含）

㉙ 晚上我们见面了。（*晚→晚）

㉚ 考试的顺序。（*序→序）

㉛ 既然那样的话，我就没说了。（*既→既）

㉜ 同屋很廋。（*廋→瘦）

㉝ 瘦气污染也很严重。（*瘦→废）

㉞ 这学期收获很大。（*获→获）

㉟ 名种菜都好吃。（*名→各）

㊱ 最近很忙。（*近→近）

（三）结构偏误

结构类型是指合体字中各个部件之间位置关系的类型，汉字可分为上下结构，如"笔、家、望、亲、森"；上中下结构，如"莽、冀、意、器"等；左右结构，如"姓、对、他、刚、楼、明、慢"等；左中右结构，如"激、搬、树、健"等；包围结构，如"周、网、问、风、甩、贝、凶、医、习、司、寸、适、这、迎、迅、厕、历、厚、国、圆"等；综合结构，如："歙"（左右结构中包含上下结构、左右结构）、"赢"（上中下结构中包含左中右结构）、"纛"（上中下结构中包含左右、上下、包围等结构）等和无法按上下、左右、内外、综合的方法进行分析的特殊结构，如"里"、"我"等。（吕必松，2007）

韩国学生有时不能掌握一些汉字的结构布局，造成部件错置或布局失调等偏误。

1. 部件错置

就是将部件放错位置，如：

㊲ 我部妈妈去秀水。(*部→陪)

㊳ 我陼不知道。(*陼→都)

�439; 周末我杏在家里。(*杏→呆)

㊵ 我咊朋友常常见面。(*咊→和)

2. 布局失调

就是汉字部件摆布位置不规范，如：

㊶ 这些问题很大。(*题→题)

㊷ 中国不是落后。(*落→落)

㊸ 这学期收获很大。(*获→获)

㊹ 来了我们的监时老师。(*监→临)

㊺ 爸爸您好。(*您→您)

（四）汉字讹写

有的时候学生由于汉字掌握得不准确或疏忽而误写出其他的近似汉字，主要有形讹和音讹两种。

1. 形讹

就是书写时误写为形近字，有三种情况：
（1）部件缺失

㊻ 她长得很票亮。(*票→漂)

㊼ 我刻骨名心对他的教训，一定要成为对社会贡献的人。(*名→铭)

㊽ 现在扩张成了大的饭官。(*官→馆)

㊾ 他不气妥，契而不舍。(*妥→馁，*契→锲)

㊿ 一下子面对不可踏越的啬。(*啬→墙)

(51) 两年的时间是有介值的。（*介→价）

（2）部件误代

(52) 直到现在拿我父亲做好傍样，从来没有动遥过。（*傍→榜，*遥→摇）
(53) 随着高科枝的发展……（*枝→技）
(54) 两代人关系的适题不同。（*适→话）
(55) 从前天开始在健身房里远动。（*远→运）
(56) 我的父亲是一个沈默寡言的人。（*沈→沉）
(57) 我们生活在遭杂的环境中。（*遭→嘈）

（3）形体错误

(58) 我还会让你们因为我而自亳。（*亳→豪）
(59) 但我做为汉学研究家，我尊敬他。（*做→作）
(60) 她不是腰缠万贯的巨享。（*享→亨）
(61) 队里的纪律太严了，上年练习跆拳道。（*年→午）
(62) 我永远忘不了我入队的时候着爸爸妈妈背影的眼睛。（*着→看）
(63) 用人类的智替在发展中改善环境。（*替→慧）
(64) 警蔡车发出的只是普通的自然之声的话。（*蔡→察）
(65) 大丘是个贫地。（*贫→盆）

2. 音讹

就是书写时，用音同或音近的字误代，如：

(66) 我母亲跟他劝告，“你应该随合一点。”（*合→和）
(67) 把安全铃安了，但出来的声音只是平凡的自然声的话……（*安→按）
(68) 父亲突然去逝了。（*逝→世）
(69) 她不仅不是我的好朋友，同时是我的心里医生。（*里→理）
(70) 以比较轻的法律结决此事。（*结→解）
(71) 努力解出病人的痛苦。（*出→除）
(72) 要不然，不但不方便，而且引起分列。（*列→裂）

㊆ 整天带在家里。(*带→呆)
㊆ 一旦发现有几个人帮住自己……(*住→助)
㊆ 年进二十的和尚很专心地读经。(*进→近)
㊆ 需要互相构通意见。(*构→沟)
㊆ 在草平上做了一会儿……(*平→坪,*做→坐)
㊆ 我们有自己的位值。(*值→置)
㊆ 我们一起玩得很通快。(*通→痛)
⑧ 我认为从事金融业不需要高及的汉语。(*及→级)
⑧ 我人为这事有意义。(*人→认)
⑧ 直接或简接地了解长辈的愿望。(*简→间)
⑧ 这样一来健康也有好展了。(*展→转)
⑧ 堵车的时候发啤气的时候……(*啤→脾)
⑧ 我希望人们仔细深刻地考律我的意见。(*律→虑)

此外,还有一些词容易写错,如:

　*怀包→怀抱　　*建康→健康　　*年青人→年轻人　　*想向→想象
　*严励→严厉　　*敬告→警告　　*助成→组成　　　　*回复→恢复
　*抒远→疏远　　*美力→美丽　　*睡面→睡眠　　　　*恒心→担心
　*缘固→缘故　　*列子→例子　　*祈望→期望　　　　*陪养→培养
　*报达→报答

（五）字体偏误

由于一些韩国汉字与中国现代汉字字体不同,很多韩国学生受韩国汉字的影响,常常将现代汉字写为繁体字或异体字。如:

⑧ 我是韓國外大畢業的①。(*韓國→韩国,*畢業→毕业)
⑧ 我做夢想到。(*夢→梦)
⑧ 作為一個韓國人。(*為→为,*個→个)
⑧ 中國的萬里長城。(*萬→万,*長→长)

---

① 例句中已纠正的繁体字、异体字,在后面的例子中只画线标出,不再纠正。

⑨⓪ 紫禁城表現了中國的皇朝中心。(*現→现)

⑨① 雖然他得了不治之症,但他很堅強。(*雖→虽,*堅強→坚强)

⑨② 這種努力精神很寶貴。(*這種→这种,*寶貴→宝贵)

⑨③ 我堅決反對安樂死的實行。(*堅決→坚决,*對→对,*樂→乐,*實→实)

⑨④ 這種情況下無意義。(*況→况,*無→无,*義→义)

⑨⑤ 吃饭后我们去化粧室。(*粧→妆)

⑨⑥ 我们去上海旅遊。(*遊→游)

⑨⑦ 车上写"谨弔"字。(*弔→吊)

⑨⑧ 仮期我去旅行。(*仮→假)

⑨⑨ 我买了红豆氷。(*氷→冰)

⑩⓪ 我跟朋友吃了兎肉。(*兎→兔)

三、韩国学生汉文基础与汉字教学

韩国文教部 1972 年颁布了《教育用基础汉字表》，该表收汉字 1,800 个，文教部规定初、高中学校各教授 900 个汉字。目前韩国有五种汉字等级考试：汉字能力鉴定考试（韩国汉字能力鉴定会）、大韩民国汉字技术资格鉴定试验（大汉鉴定会）、汉字技术资格鉴定（大韩民国汉字教育研究会大韩鉴定会）、汉字资格试验（汉字教育振兴会）、实用汉字（韩国外国语评价院）。这些都推动了韩国人对汉字的学习。

不过韩国汉字与中国现行汉字有同有异，这样常常给学汉语的学生学习汉字带来一定影响。凯勒曼（Kellerman）研究第二语言习得时总结到：两种语言相差大即没有关系时，学习得慢，但比较准确；相差小即有关系时，学习得快，但不够准确（转引自金基石，2010）。汉语教师熟悉和掌握汉韩现行汉字的异同，可以帮助学生减少汉字的偏误率，提高汉字教学效率。

韩国现行 1,800 个汉字中有一个"畓"字为韩国自造汉字，其余均为中国汉字，计 1,799 个。

（一）汉韩字形完全相同的汉字

《教育用基础汉字表》1,799 个汉字中有 660 个汉字字形与中国现行汉字完全相同，占到了 37%[①]，如：

初中：

佳 街 可 加 假 各 干 看 渴 甘 感 甲 江 强 更 居 建
犬 敬 古 故 固 苦 告 谷 曲 困 坤 工 功 共 果 科 光

[①] 本节数据参考朴点玉（1999）。

南 刀 老 母 白 仕 生 所 是 然 于 恩 作 政 只 尺 七 彼 火
吉 德 路 明 杯 士 色 小 示 易 勇 肉 子 正 重 妻 波 皮 或
技 度 例 名 尾 巳 想 洗 承 汝 用 柔 壬 井 中 菜 破 品 湖
基 待 烈 面 美 朋 霜 世 乘 如 浴 有 壹 第 竹 唱 特 暴 好
期 代 列 勉 味 佛 相 星 拾 余 欲 油 日 弟 走 昌 吹 抱 呼
己 堂 答 落 登 末 每 物 扶 三 成 戌 洋 忍 此 忠 便 惠 喜……
其 大 力 免 未 不 上 盛 戌 米 北 常 城 淑 羊 危 仁 的 注 次 出 片 形 希
禁 答 落 登 末 每 勿 夫 算 性 秀 若 王 威 要 由 一 丁 朱 借 取 布 乎
金 短 量 妹 米 北 常 城 淑 若 王 危 仁 赤 住 此 忠 便 惠 喜
勤 但 等 晚 墨 服 散 姓 愁 也 玉 原 人 典 坐 持 最 河 兄 黑
弓 丹 得 莫 林 茂 伏 事 善 首 我 午 元 移 田 左 志 村 何 血 凶
君 怒 斗 利 戊 兵 思 仙 授 十 悟 尤 而 哉 存 指 寸 夏 香 休
句 年 同 理 目 凡 舍 惜 手 失 五 雨 已 耳 再 足 地 招 下 向 厚
救 女 冬 里 木 伐 史 昔 水 申 英 友 二 在 朝 止 川 打 行 回
求 乃 洞 律 暮 番 使 夕 俗 身 永 牛 邑 材 早 枝 天 他 海 皇
口 男 徒 料 毛 百 寺 石 笑 式 炎 右 乙 昨 兆 支 千 快 恒 惠

高中：

哭 群 耐 了 盟 朴 卑 旬
鼓 局 奈 梁 猛 拍 崩 睡
姑 菊 娘 略 孟 泊 附 殊
枯 狗 器 洛 媒 敏 符 需
桂 球 寄 陶 埋 眉 付 舌
械 丘 奇 跳 梅 默 卜 析
戒 苟 欺 桃 漫 墓 蜂 恕
硬 拘 旗 挑 慢 苗 封 徐
缺 俱 忌 踏 漠 睦 腹 桑
憩 怪 肯 潭 幕 沐 普 森
健 冠 琴 淡 履 牧 碧
件 戈 斤 檀 吏 某 犯 司
介 恐 克 茶 梨 李 慕 伯
刊 攻 菌 泥 隆 貌 班 妃
暇 恭 厭 努 粟 矛 薄
架 供 屈 奴 漏 模 博 婢

殉 盾 循 升 矢 侍 息 伸 阿 岳 岸 央 殃 涯 厄 御 焉
予 役 域 燃 燕 染 泳 映 梧 腰 愚 偶 源 胃 委 慰 儒
疑 刃 姻 任 刺 葬 掌 笛 燥 操 照 拙 佐 周 株 州 洲
柱 蒸 智 池 珍 秩 彩 策 斥 拓 咸 哲 替 超 促 臭 趣
漆 沈 枕 妥 托 塔 吐 痛 板 版 播 荷 旱 汗 割 票 漂
爆 幅 包 胞 浦 捕 肺 巷 港 互 胡 浩 惑 忽 洪 禾 丸
灰 悔 侯 候 喉 稀 熙……

这些汉字汉韩字形一样，虽然有些比较难写，但韩国学生大多学过或熟悉。研究表明，学生习得这些汉字时错误率明显低于汉韩字形不同的汉字（金秀贞，2000），所以在教学时不必花费太多时间。

（二）汉韩字形有差异的汉字

1. 汉韩字形基本相同但笔画有差异的汉字

共有 506 个，占基础汉字的 28%，这些汉字汉韩差异程度不同，有的有一笔差异，有的有两笔或两笔以上差异。请看：

表 13 中韩汉字字形差异比较

部件差异		韩国汉文字例	中国汉字字例
韩国	中国		
十	六	疲 被 避 割 核 享 抗 航 亨 毫 豪 京 景 音 泣 意 字 章 官 交 校 度 童 流 六 立 亡 忙 忘 文 密 防 放 富 部 序 席 守 宿 辛 室 安 案 暗 哀 夜 亦 完 容 宇 位 育 店 定 庭 帝 族 卒 宗 之 初 就 宅 亥 效 刻 康 竟 境 稿 寡 郭 郊 禽 旗 娘 檀 唐 糖 渡 敦 掠 廉 鹿 裏 麻 磨 盲 蜜 芳 傍 妨 倍 培 壁 辨 府 腐 床 塞 宣 庶 疏 蔬 衰 孰 熟 疫 演 庸 院 宜 障 寂 症 疾 妾 痛 荒 噫	疲 被 避 割 核 享 抗 航 亨 毫 豪 京 景 音 泣 意 字 章 官 交 校 度 童 流 六 立 亡 忙 忘 文 密 防 放 富 部 序 席 守 宿 辛 室 安 案 暗 哀 夜 亦 完 容 宇 位 育 店 定 庭 帝 族 卒 宗 之 初 就 宅 亥 效 刻 康 竟 境 稿 寡 郭 郊 禽 旗 娘 檀 唐 糖 渡 敦 掠 廉 鹿 里 麻 磨 盲 蜜 芳 傍 妨 倍 培 辨 辨 府 腐 床 塞 宣 庶 疏 蔬 衰 孰 熟 疫 演 庸 院 宜 障 寂 症 疾 妾 痛 荒 噫

续表

部件差异 韩国	部件差异 中国	韩国汉文字例	中国汉字字例
辶	辶	道 逢 送 迎 逆 近 遇 遊 追 通 退 迶 逸 途 遍 遣 透 返 迷 逃 逐 迫 追 迎 道 逆 近 遇 造 通 退	道 逢 送 迎 逆 近 遇 游 追 通 退 述 逸 途 遍 遣 透 返 迷 逃 逐 迫 追 迎 道 逆 近 遇 造 通 退
一	丶	言 信 今 琴 念 含 吟 警 令 領 冷 底 抵	言 信 今 琴 念 含 吟 警 令 领 冷 底 抵
ㄴ	ㄴ	氏 瓦 收 仰 浪 郎 良 衣 依 低 紙 瓜 派 似 恨 限 裳 派 裂 表 退 食 似 比 衰	氏 瓦 收 仰 浪 郎 良 衣 依 低 纸 瓜 派 似 恨 限 裳 派 裂 表 退 食 似 比 衰
八	ソ	曾 送 增 脫 兼 遂 稅 悅 益 僧 尊	曾 送 增 脱 兼 遂 税 悦 益 僧 尊
靑	青	靑 精 情 清 晴 請 靜	青 精 情 清 晴 请 静
八	ソ	肖 半 消 尚 券 叛 判 拳 卷 弊 幣 蔽 平	肖 半 消 尚 券 叛 判 拳 卷 弊 币 蔽 平
ヨ	彐	雪 侵 浸 寢 急 慧	雪 侵 浸 寝 急 慧
儿	八	空 究 商 俊 酸 深 甚 探 突 陵	空 究 商 俊 酸 深 甚 探 突 陵
冫	氵	決 涼 況 盜	决 凉 况 盗
皀	旣	卽 旣 慨 槪	即 既 慨 概
戶	户	戶 房	户 房
爫	爫	稻 溪 奚 援	稻 溪 奚 援
爫	夂	靜 淨	静 净
羽	羽	翁 羽 翼 弱 濯	翁 羽 翼 弱 濯
匕	匕	化 花 貨	化 花 货
廿	卄	黃 橫	黄 横
夬	夬	春 泰	春 泰
牙	牙	牙 芽 雅	牙 芽 雅
爿	丬	將 壯 狀 寢	将 壮 状 寝

续表

部件差异		韩国汉文字例	中国汉字字例
韩国	中国		
玄	玄	玄 畜 蓄 玆 奚 弦	玄 畜 蓄 兹 奚 弦
八	八	八 分 穴	八 分 穴
示	礻	祈 祝 福 社 祀 祥 神 祖	祈 祝 福 社 祀 祥 神 祖
厶	厶	統 充	统 充
糸	纟	素 紫 系 累 縮 編 級 紀 索 統	素 紫 系 累 缩 编 级 纪 索 统
丿	丨	非 悲 排 輩 罪	非 悲 排 辈 罪
者	者	者 都 著 署 暑	者 都 著 署 暑
良	良	朗 廊	朗 廊
二	冫	姿 恣	姿 恣
角	角	角 解	角 解
L	L	改 切	改 切
羊	羊	着 差	着 差
豕	豕	象 像 豚	象 像 豚
少	少	少 劣 尖 省 妙 抄 沙 步 涉	少 劣 尖 省 妙 抄 沙 步 涉
害	害	害 割	害 割
直	直	直 値 植 置	直 值 植 置
其它		汎 全 內 寒 虎 骨 才 換 拔 那 丑 宮 陷 屏 硏 帶 炭 兔 栢 虛 市 氷 溫 臥 外 入 亞 沿 沒 汚 娛 傲 弔 舟 添 新 册	泛 全 内 寒 虎 骨 才 换 拔 那 丑 宫 陷 屏 研 带 炭 兔 柏 虚 市 冰 温 卧 外 入 亚 沿 没 污 娱 傲 吊 舟 添 新 册

上述汉字汉韩差异不大，学生非常容易误写，汉语教师一定要注意给学生讲清楚汉韩汉字之间的区别。

2. 字体繁（异）简有差异的汉字

现行汉字为简体字而韩国基础汉字为繁体字或异体字的有 633 个，占基础汉字总量的 35%，如：

表 14　中韩繁（异）、简汉字比较

字例 阶段	韩国基础汉字	中国现行汉字
初中	價 間 敢 減 個 開 車 擧 乾 見 堅 結 潔 輕 經 驚 慶 競 鷄 穀 課 過 觀 關 廣 橋 敎 舊 國 軍 權 勸 貴 歸 極 給 氣 幾 難 農 單 達 當 對 島 圖 獨 東 動 頭 燈 樂 來 兩 歷 連 練 禮 勞 綠 論 陸 倫 馬 萬 滿 買 賣 麥 命 鳴 務 無 舞 門 問 聞 飯 發 訪 變 報 福 復 婦 飛 備 貧 細 勢 歲 師 絲 産 殺 賞 傷 喪 書 線 鮮 選 說 設 誠 聖 聲 續 孫 誰 須 雖 樹 壽 數 純 順 習 勝 視 試 時 詩 植 識 實 兒 惡 巖 顔 愛 約 藥 養 揚 陽 讓 魚 漁 於 億 憶 嚴 業 餘 與 煙 硯 熱 葉 榮 藝 烏 講 計 談 記 讀 謝 語 誤 議 憂 雲 運 願 遠 園 圓 醫 應 義 異 爲 偉 遺 飮 陰 戰 電 錢 傳 節 絕 適 敵 爭 貯 貳 長 場 財 題 頂 貞 諸 製 鳥 調 種 鐘 終 從 晝 卽 眞 進 盡 質 執 參 採 責 處 淺 鐵 聽 體 蟲 齒 親 閉 風 楓 豐 學 韓 漢 筆 鄕 賢 協 號 畫 華 歡 會 後 訓 興	价 间 敢 减 个 开 车 举 干 见 坚 结 洁 轻 经 惊 庆 竞 鸡 谷 课 过 观 关 广 桥 教 旧 国 军 权 劝 贵 归 极 给 气 几 难 农 单 达 当 对 岛 图 独 东 动 头 灯 乐 来 两 历 连 练 礼 劳 绿 论 陆 伦 马 万 满 买 卖 麦 命 鸣 务 无 舞 门 问 闻 饭 发 访 变 报 福 复 妇 飞 备 贫 细 势 岁 师 丝 产 杀 赏 伤 丧 书 线 鲜 选 说 设 诚 圣 声 续 孙 谁 须 虽 树 寿 数 纯 顺 习 胜 视 试 时 诗 植 识 实 儿 恶 岩 颜 爱 约 药 养 扬 阳 让 鱼 渔 于 亿 忆 严 业 余 与 烟 砚 热 叶 荣 艺 乌 讲 计 谈 记 读 谢 语 误 议 忧 云 运 愿 远 园 圆 医 应 义 异 为 伟 遗 饮 阴 战 电 钱 传 节 绝 适 敌 争 贮 贰 长 场 财 题 顶 贞 诸 制 鸟 调 种 钟 终 从 昼 即 真 进 尽 质 执 参 采 责 处 浅 铁 听 体 虫 齿 亲 闭 风 枫 丰 学 韩 汉 笔 乡 贤 协 号 画 华 欢 会 后 训 兴
高中	閣 簡 覺 幹 姦 懇 監 鑑 剛 鋼 綱 慨 槪 蓋 據 傑 儉 劍 檢 擊 徑 卿 係 繼 啓 階 庫 顧 誇 館 寬 鑛 塊 壞 矯 區 驅 鷗 懼 龜 構 窮 劇 僅 騎 豈 棄 畿 飢 機 緊 寧 濃 腦 惱 斷 團 擔 黨 臺 隊 導 凍 羅 亂 蘭 欄 爛 覽 藍 濫 糧 麗 慮 勵 曆 鍊	阁 简 觉 干 奸 恳 监 鉴 刚 钢 纲 慨 概 盖 据 杰 俭 剑 检 击 径 卿 系 继 启 阶 库 顾 夸 馆 宽 矿 块 坏 矫 区 驱 鸥 惧 龟 构 穷 剧 仅 骑 岂 弃 畿 饥 机 紧 宁 浓 脑 恼 断 团 担 党 台 队 导 冻 罗 乱 兰 栏 烂 览 蓝 滥 粮 丽 虑 励 历 炼

续表

字例 阶段	韩国基础汉字	中国现行汉字
	憐 聯 戀 蓮 嶺 靈 爐 祿 錄 龍 屢 樓 淚 類 輪 離 隣 臨 蠻 滅 夢 廟 霧 盤 髮 倣 飜 邊 補 寶 複 鳳 膚 奮 賓 捨 寫 辭 嘗 償 雙 敍 釋 禪 蘇 騷 燒 掃 屬 輸 獸 脣 肅 濕 襲 昇 愼 飾 尋 審 壓 樣 楊 輿 譯 驛 軟 鹽 營 譽 慾 郵 優 違 僞 圍 緯 衛 隱 儀 殘 潛 蠶 暫 雜 莊 裝 奬 墻 粧 臟 災 跡 迹 積 績 專 點 際 齊 濟 條 縱 準 遵 憎 贈 誌 遲 職 織 徵 懲 讚 慙 遷 薦 徹 廳 礎 銃 總 聰 醜 築 衝 層 恥 稱 墮 歎 彈 奪 態 罷 廢 畢 標 響 憲 獻 縣 懸 顯 脅 護 禍 確 穫 擴 懷 獲 劃 戲 掛 壇 篤 賴 絹 謙 詳 鏡 頃 傾 貢 貫 慣 較 規 閨 謹 錦 諾 納 貸 銅 鈍 絡 綿 銘 謀 貿 憫 煩 繁 罰 範 辯 譜 峯 負 紛 墳 憤 祕 費 頻 詞 賜 詐 社 祀 祥 削 緖 訴 損 頌 訟 誦 鎖 帥 隨 術 餓 謁 額 鉛 詠 銳 鳴 獄 緩 搖 遙 謠 韻 員 謂 閏 潤 維 誘 愈 賃 資 贊 張 帳 載 腸 賊 訂 漸 轉 組 鎭 陣 陳 姪 錯 慘 倉 創 蒼 滄 暢 債 賤 踐 燭 觸 濁 値 置 側 測 貪 澤 擇 討 湯 頗 販 評 鶴 飽 項 該 軒 險 驗 絃 鴻 環 還 曉 揮 輝	怜 联 恋 莲 岭 灵 炉 禄 录 龙 屡 楼 泪 类 轮 离 邻 临 蛮 灭 梦 庙 雾 盘 发 仿 翻 边 补 宝 复 凤 肤 奋 宾 舍 写 辞 尝 偿 双 叙 释 禅 苏 骚 烧 扫 属 输 兽 唇 肃 湿 袭 升 慎 饰 寻 审 压 样 杨 舆 译 驿 软 盐 营 誉 欲 邮 优 违 伪 围 纬 卫 隐 仪 残 潜 蚕 暂 杂 庄 装 奖 墙 妆 脏 灾 迹 迹 积 绩 专 点 际 齐 济 条 纵 准 遵 憎 赠 志 迟 职 织 征 惩 赞 惭 迁 荐 彻 厅 础 铳 总 聪 丑 筑 冲 层 耻 称 堕 叹 弹 夺 态 罢 废 毕 标 响 宪 献 县 悬 显 胁 护 祸 确 获 扩 怀 获 划 戏 挂 坛 笃 赖 绢 谦 详 镜 顷 倾 贡 贯 惯 较 规 闺 谨 锦 诺 纳 贷 铜 钝 络 绵 铭 谋 贸 悯 烦 繁 罚 范 辩 谱 峰 负 纷 坟 愤 秘 费 频 词 赐 诈 社 祀 祥 削 绪 诉 损 颂 讼 诵 锁 帅 随 术 饿 谒 额 铅 咏 锐 鸣 狱 缓 摇 遥 谣 韵 员 谓 闰 润 维 诱 愈 赁 资 赞 张 帐 载 肠 贼 订 渐 转 组 镇 阵 陈 侄 错 惨 仓 创 苍 沧 畅 债 贱 践 烛 触 浊 值 置 侧 测 贪 泽 择 讨 汤 颇 贩 评 鹤 饱 项 该 轩 险 验 弦 鸿 环 还 晓 挥 辉

上述汉字数量较大，有时韩国学生繁简转换比较困难。但一些汉字繁（异）简转换有一定的规律性，教师在教学时，可以将汉韩繁简部件归类，让学生掌握繁简转换的规律，提高学习效率。如：

表 15　繁（异）简汉字转换规律示例

繁（异）体字部件	简体字部件	繁体例字	简体例字
門	门	門 閣 簡 閨 潤 憫 閨 問 聞 閉	门 阁 简 闺 润 悯 闱 问 闻 闭
車	车	車 揮 輝 軒 陣 陳 漸 載 輪 庫 軍	车 挥 辉 轩 阵 陈 渐 载 轮 库 军
貝	贝	貝 貪 債 資 損 負 憤 貿 貸 貢 貫 慣 側 測 贊 費 績 賤 責 貴 遺 貳	贝 贪 债 资 损 负 愤 贸 贷 贡 贯 惯 侧 测 赞 费 绩 贱 责 贵 遗 贰
頁	页	頁 項 頻 頌 額 頃 傾 顧 顔 題 頂	页 项 频 颂 额 顷 倾 顾 颜 题 顶
言	讠	謙 詳 諾 訴 訟 誦 謁 謂 獄 訂 討 評 該 訓 講 計 談 記 讀 謝 語 誤 議 調 訓	谦 详 诺 诉 讼 诵 谒 谓 狱 订 讨 评 该 训 讲 计 谈 记 读 谢 语 误 议 调 训
釒	钅	鉛 銳 錦 鏡 鎭 鐘 錢	铅 锐 锦 镜 镇 钟 钱
示	礻	社 祀 祥 禍 祿 禮	社 祀 祥 祸 禄 礼
戠	只	識 職 織	识 职 织
區	区	區 驅 鷗	区 驱 鸥
蜀	虫	燭 觸 濁 獨	烛 触 浊 独

小结：以上是我们对韩国基础汉字的分析，通过分析发现，汉韩之间有大量的汉字形同或基本形同，一些汉字虽然存在繁（异）简差异，但也有一定规律可循。将上述情况图示如下：

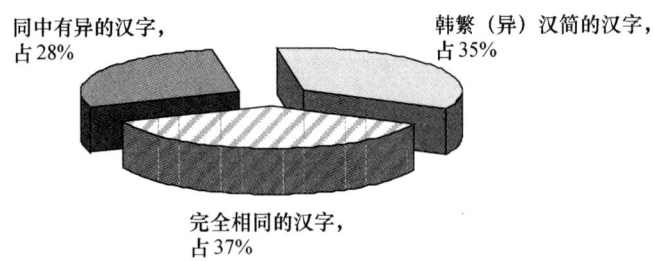

金秀贞（2000）基于语料库通过大量统计分析，认为汉韩字形相同的汉字错误率低于汉韩字形不同的汉字，并得出200个韩国学生掌握得最好的汉字和200

个掌握得最差的汉字，抄录如下：

200 个韩国学生掌握得最好的汉字：

一 七 九 又 二 十 了 人 几 力 川 士 土 三 工 上 山
下 也 大 丈 小 子 千 与 升 井 巴 仁 木 丰 双 区 元
引 王 中 月 天 文 父 日 午 五 什 火 水 太 六 不 友
令 犯 皮 申 仙 扔 布 示 玉 田 术 台 立 目 市 主 史
去 打 生 正 他 业 加 冬 朴 石 用 由 四 伙 竹 血 阴
众 企 杂 守 曲 寺 吐 冰 同 爷 存 此 江 件 行 而 如
吗 有 全 老 在 军 自 早 阿 华 因 床 弄 孝 陈 含 吴
材 呆 均 坚 辛 寿 居 足 林 弟 作 性 抽 败 势 尚 阜
杭 例 油 松 泪 郑 味 府 指 朋 怕 保 命 京 非 呢 和
知 物 挣 尝 映 退 侵 甚 盛 架 帝 星 船 南 音 政 品
美 素 埋 破 哲 班 竟 悉 摆 售 麻 累 撞 康 票 湿 硬
握 曾 括 雄 悲 湖 街 愚 楚 察

200 个韩国学生掌握得最差的汉字：

亡 已 马 专 云 内 书 长 躺 尔 半 瓜 鸟 厉 灭 议 幼
阶 纪 托 亚 毕 州 庄 决 压 异 份 附 连 进 坏 即 迎
佛 饭 报 邻 初 词 弃 判 丽 汽 张 沉 低 状 忍 纸 岛
规 或 经 武 狗 质 念 顶 泡 态 具 货 征 呼 怜 泳
直 虎 者 贫 练 爬 标 药 宫 虽 屋 染 统 咱 派 皇
类 钟 贸 绝 轻 孤 临 炼 览 迹 既 逃 择 挤 洲 预
谈 哥 逛 朗 座 诣 晓 获 旅 键 射 疼 赶 济 祥 烧
谅 郭 陵 值 桌 弱 真 聊 诸 教 偶 黄 础 租 请 野
著 敢 祭 随 惯 象 雪 绿 换 袋 望 梁 奥 营 辅 尊
游 慌 窗 赏 痛 装 遍 舒 署 晴 将 腿 鲁 虚 惠 满
暖 概 嫁 韩 解 置 殿 鲜 聊 锻 静 遭 像 越 搬 增
题 趣 播 篇 懂 德 聪 醒 餐 嘴 器 默 魔 龄 熊
聚 愿

上述资料可供参考，相信汉语老师掌握了汉韩汉字的关系及学生的习得情况，一定会有助于汉字教学。

四、汉字教学的原则与方法

虽然一些韩国学生学过或熟悉汉字,但是还有部分学生没有学过汉字。即便有些学生学过汉字,由于中韩汉字教学的目的、方法不同以及汉韩汉字形体等差异,韩国学生在汉字学习上存在着诸多困难和偏误。因此汉语教师遵循恰当的教学原则和方法,成为对韩汉字教学的重要因素。

(一)汉字教学的原则

1. 以笔画为基础,以部件为核心

笔画是汉字书写的基础,部件是组成汉字的关键,整字是记录汉语的使用单位。汉字教学应注意这三个层次。

(1) 笔画是汉字书写的基础

笔画是汉字最小的书写单位和最小的认知单位,学习汉字要从笔画开始。

1)笔画书写要到位。笔画书写体现学生汉字的基本功,书写到位才能保证部件规范,字形正确。汉字笔画讲究横平竖直,点钩撇捺适度,教师不仅要亲手示范,而且要让学生反复模仿练习。

2)教师在进行笔画教学时要适时讲解一些易混笔画的区别和写法,比如:

表16 易混笔画比较

名称	笔画	例字	名称	笔画	例字	名称	笔画	例字
横撇弯钩	ㄋ	那	竖弯钩	ㄴ	乜	横折	ㄱ	口
横折折撇	ㄅ	建	卧钩	、	心	竖折	ㄴ	山
横折折折钩	ㄋ	乃	斜钩	乀	浅	撇折	ㄥ	云

3)介绍一些笔画书写规则。不同的笔画写法不同,如"犭"中的撇、撇、弯钩与"扌"中的横、提与竖钩;相同笔画在不同的汉字中的排列位置有所不同,

如"举"字头的两点是平行排列，而"头"字的两点是上下排列；一些笔画在汉字中出现位置有规律，"平撇"一般出现在汉字的最上部，如采、乎、壬、手、夭等；在学生进行笔画基础练习时，适时进行笔画规则的指导，有助于学生尽快掌握汉字书写技巧，避免偏误。

4）教授书写顺序。汉字笔顺一般要先横后竖（十、干、丰）、先撇后捺（八、人、入）、先上后下（三、杏、高）、先左后右（川、行、做）、先外后内（月、匀、同）先中间后两边（小、水、办）、先进屋后关门（囚、回、因）。这些笔顺是学生汉字书写规范的基础。

（2）部件是汉字教学的核心

学生在大致掌握了汉字笔画的书写技能后，要尽快将汉字教学的重心转移到部件教学上。如果每个汉字都一笔一画地教，势必繁琐零碎。以部件为单位进行教学，就能执简驭繁、化难为易、由浅入深，不仅可以减轻学生的书写与记忆负担，而且符合汉字的习得规律。

汉字由部件构成，汉字虽多，但部件有限。据统计，汉字的部件大约有640多个，而常用部件则只有300多个。统计显示，3500个现行常用汉字中，共有384个部件；1000个常用汉字中，共有部件344个，其中成字部件212个，不成字部件132个。最常用的部件有118个，占79.3%。

以下是一些最常用的118个成字部件：

一	二	十	厂	七	八	人	入	几	九	儿	刀	力	又	了	于	才
也	女	子	丰	天	专	五	车	比	日	中	内	见	手	毛	长	为
心	巴	以	书	水	世	东	北	目	且	田	由	电	史	央	四	永
乐	必	司	民	出	皮	发	母	耳	西	而	虫	年	农	争	更	求
里	我	身	局	其	事	雨	非	革	面	重	象	黑	乙	丁	卜	寸
巾	川	丸	井	韦	牙	爪	氏	予	戈	甘	申	皿	乍	斤	弗	舟
亥	甫	酉	家	灸	免	禺	史	禹	曾	及	片	乎	两	戋	吏	

常用的不成字部件如：

丿 氵 忄 亻 讠 扌 礻 衤 纟 阝 辶 廴 饣 牜 钅 疒 广
𧾷 犭 刂 虍 灬 艹 宀 冖 皿 覀 歺 攵

157

学生掌握了一些常用的汉字部件，就能以部件为纲，认读和书写较为复杂的汉字。如比较复杂的汉字"攀"，就可以分解如下图：

$$攀\begin{cases}木—乂—木\\大\\手\end{cases}$$

这样就可以化繁为简，降低难度，提高学生的认写水平。

以部件为核心进行教学，需要注意的问题有以下几个方面：

1）对含有已知部件的新汉字，教师要注意展示和提示汉字部件之间的正确位置和布局，保证汉字书写的规范。如"姿"是"次上+女下"结构，不是"冫左+[欠上+女下]右"结构"*姿"；"愿"是半包围结构，不是"原上+心下"上下结构"*愿"。

2）对含有新部件的汉字，不仅要提示部件的布局，更要教授新部件的笔画、笔顺以及笔画与笔画的关系，只有如此才能保证新学汉字的书写正确。

3）加强汉字部件的对比分析。汉语教师在教学中要注意及时将相关部件进行总结对比，以增强学生的部件认知意识。比如我们讲"原"时，可以将部件"厂"与"𠂆"、"广"、"疒"进行对比，如下表：

表17 相似部件对比

部件	厂	𠂆	广	疒
例字	原	反、后、质、斤	床、应、店、底	病、痛、疼、瘦

还可以根据情况串联相同部件的汉字，如"厂"——原、厅、厉、压、厌、愿……；此外还可以进行部件位置的对比，如"部——陪"、"呆——杏"、"兑——况"等。

另外，还可以介绍一下一些部件的布局规则，如"冫氵讠亻彳忄扌木犭衤礻钅"等往往居字的左旁，"阝刂"等往往居字的右部，"夂宀冖廿艹癶竹罒"等往往居字的上方，"灬皿"往往居字的下部。

2. 先易后难，循序渐进

一些复杂的汉字往往由几个部件组成，有的部件就是一个笔画结构简单的独体字，如：

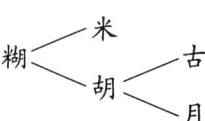

158

汉字教学要先教笔画少的后教笔画多的；先教结构简单的，后教结构复杂的；先教独体字，后教合体字。这样教学的好处是，符合汉字形体的构成规律，可以为以后教合体字奠定认知基础，使教师在教合体字时容易方便。同时由易到难，符合学生认知规律。

汉语中有很多独体字，如汉字等级大纲甲级字中就有以下独体字：

白 百 半 办 包 本 必 不 布 才 长 厂 丁 车 成 大
单 当 刀 电 东 儿 二 发 反 方 飞 丰 夫 干 个 工
广 互 户 几 己 见 斤 火 九 开 口 乐 立 力 了 六
录 写 买 毛 么 门 米 母 内 年 牛 农 女 片 平 七
其 气 千 目 求 去 人 日 三 色 上 少 声 生 十 史
示 事 手 术 束 水 四 太 无 头 万 为 文 五 午 西
习 系 下 先 小 辛 羊 也 页 业 一 衣 已 以 义 永
尤 有 友 右 鱼 元 月 云 再 在 占 正 之 中 主 子
自 走 足 左

这些独体字使用频率很高，构字能力极强。学生如果掌握了一定数量的简单字（部件），就可以驾轻就熟，简便快捷地认写大量的合体字。汉字固然字数众多，字形复杂，但是其"难认、难记、难写"局面的造成，跟我们汉字教学中没有遵循汉字的构成规律和学生的认知规律不无关系。

3. 将汉字的书写训练与字理的讲解结合起来

汉字是有理据的，在教学时，不仅要训练学生正确书写，还要尽量充分利用汉字的可分析性和部件的形、音、义特征，告诉学生为什么要这样书写，以减少汉字偏误，提高汉字水平，加深学生对汉字文化的了解。

（1）形——义字理辨析

一些汉字或部件代表不同意义或义类，有的时候可以根据不同的字形或部件猜知其义或义类，如"休、泪、众、川、槲、鲥"等。可以利用汉字的形义关系区分汉字，加深学生的汉字理解，减少偏误率。如："辫"、"辩"、"辨"三个字容易混同，可以利用形声字的形旁予以区分。

表 18　汉字形义关系比较

汉字	辫	辩	辨
区别部件	纟	讠	刂（刀）
义类	丝线	言论	用刀分开
举例	辫子、发辫	辩论、争辩	分辨、辨别

类似的还有："梨——犁"、"扬——杨"、"籍——藉"、"募——幕"、"栗——粟"、"眨—贬"、"没——设"、"挡——档"等。

（2）形——音字理辨析

一些形声字的声旁表示或大致表示汉字的读音，可以通过汉字的形音关系来辨别汉字，减少学生书写错误。

如"沧"和"沦"字形相近，义类相同，学生容易书写错误，可以利用其声旁进行区分：

表 19　汉字形音关系比较

汉字	沧	沦
区别部件	仓	仑
音类	cang	lun
同类举例	苍、舱、沧、鸽	论、轮、伦、抢、纶、囵

类似的还有："蹈、稻、滔——陷、阎、焰"等。

（3）形辨

有一些字难以从音义上区分，如"见——贝"、"圆——园"、"享——亨"、"兔——免"、"士——土"、"看——着""己——已——巳"等，教师可以从字源上区分，如展示"见"和"贝"的原始写法，以加深学生的印象；可以利用词汇区分，如"圆——圆球、圆桌……"、"园——公园、花园、园林……"等；也可以对汉字进行俗解，如"看"是手搭在眼（目）上，往远处看；"着"是"看"的头上多两点；张嘴的是"己"、半张嘴的是"已"、不张嘴的是"巳"；"哭"是人（大）的上面有两只哭肿的大眼睛，下边留了一滴泪（丶）。"早"是太阳（日）升起在教堂顶部的十字架上，是早晨的意思。俗解的好处是容易让学生理解，但这种方法有一定的局限性，也容易误导学生，教师应谨慎使用。

（二）汉字教学的方法与技巧

1. 展示汉字的技巧

汉语教师在教授汉字时，首先要给学生一个汉字的整体印象，然后从不同层次对汉字进行分析。首先要看该汉字是合体字还是独体字，如果是合体字，那么要展示该汉字由哪些部件组成，这些部件的布局方式，如果有的部件学生不熟悉，还要演示该部件的笔画、笔顺，让学生模仿。如果是独体字，要给学生演示该字的笔画、笔顺和笔画之间的关系——连接、交叉、相离等。

常用的展示汉字的方法主要有以下几种：

（1）板书

汉语教师把汉字直接在黑板上书写出来，这是一种传统的方法，但也是一种非常实用的方法。学生可以看到汉字书写的全过程，看到笔画的顺序、部件的布局和整字的结构。教师书写时要尽量写慢一点，写大一点，写清楚一点。在写的同时让学生跟着模仿，一般让学生伸出手指书空即可。教师要一边书写一边带领学生说出笔画的名称，教师要随时提醒学生应该注意的笔画、笔顺、部件布局等。

（2）卡片展示

将汉字写在卡片上，同时注上字音，逐张展示给学生，让学生认读。

（3）听写

让学生在黑板上写汉字，师生一起观摩纠正。

（4）媒体演示

可以利用现代教学设施进行教学，如利用电脑幻灯片展示，利用动漫展示等，这些方法形象生动，能给学生深刻的印象。

（5）以旧带新

可以用学过的汉字或部件带出新字。比如学生学过"木"，就可以引出"本、末、未"等字；学过"式"字就可以以此为声旁引出"试、拭、弑"等；学过"身"字就可以以此为形旁引出"躺、躲、躬、躯"等字；学了"呆"，教师可以通过变换部件的布局引出"杏"。这种方法能够温故知新，比较自然有趣，容易让学生接受。

2. 解释汉字的技巧

汉字是具有表意特征的意音文字,其形音义之间存在一定的联系,汉语教师要根据这一特点,从形、音、义三个方面进行分析与讲解。

(1) 形释

现代汉字是从古代汉字发展演变而来的。很多汉字还保留着造字的道理,可以根据这些字的形成原理和演化过程对其进行解释,如"目、耳、足、手、口"等,请看:

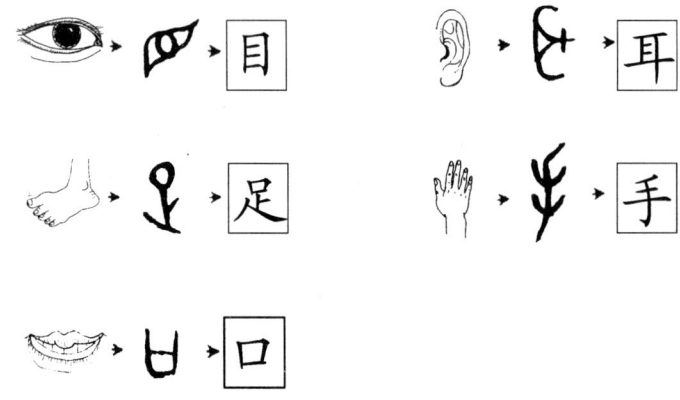

(2) 音释

汉字中有大量的形声字,可以从形声字的声旁找出它与该字语音上的联系。例如"底、低、抵、邸、诋、砥、祇、柢、骶、坻……","氐"代表声音,是声旁。汉语教师可以告诉学生,使学生尽快理解和掌握。

(3) 义释

教师要充分利用汉字的表意特点,对汉字进行解释。汉字中有一些会意或指事字等,教师可以剖析部件之间的联系来解释汉字。如"森"——树木众多,是森林的意思;"掰"——两"手""分"开的意思。

教师还要利用形声字的形旁线索解释汉字的意义,如:提、捏、摸、扣、抠、摁、抓、扯、挠……都有"扌"(手),这些字的意思都跟"手"有关系;腿、脚、脖、胫、胸、脸、胳、膊、胖……这些字都有"月"(肉)旁,跟人或动物的器官有关。

3. 练习汉字的技巧

通过汉字展示、汉字解释，学生对汉字有了一个整体了解。之后要通过训练，让学生进一步掌握汉字。

（1）认读练习

A. 出示生字卡片，让学生读出字音

B. 汉字和拼音互换，如：

【拼音连线识字】

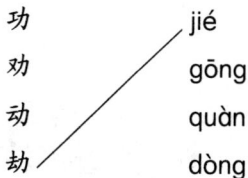

【根据拼音连线构词】

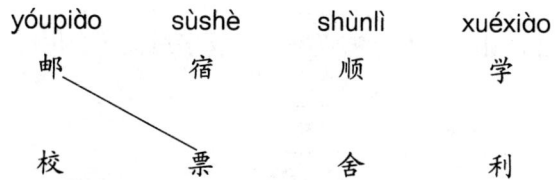

【根据拼音将所给的汉字组成句子】

① Néng piányi yìdiǎnr ma？

（一　宜　能　吗　便　点　儿）

_____

② Zhù nǐ shēngrì kuàilè！

（日　祝　快　你　生　乐）

_____

（2）书写训练

【手指书空】

课堂上，老师带领学生一边说笔画或部件名称一边在空中比画汉字。

【描摹】

让学生模仿汉字,按照正确的笔画顺序书写,如:

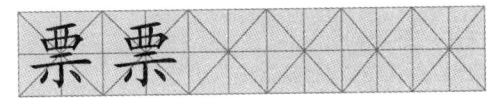

【听写】

听写是从听觉入手,训练学生听音之后联想汉字,最后书写出正确汉字的能力。最好让一两个学生到黑板上示范,这样可以检查学生的笔画顺序、部件布局、字形书写是否正确。

【繁简转换练习】

写出下面繁体字对应的简体字:

舊_____ 國_____ 軍_____ 權_____ 貴_____

歸_____ 極_____ 氣_____ 幾_____ 難_____

【电脑输入】

介绍给学生汉字输入法,让学生在能够正确书写汉字后,还会用电脑输入。

(3)笔画、部件练习

【按照笔画由少到多排列汉字】

学　汉　语　有　意　义

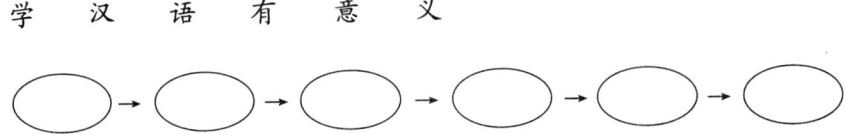

【笔画加减练习】

① 看一看在"日"上加一笔能变成多少汉字?

② 试一试"正"依次减一笔,能变成多少汉字?

【找相同的部件】

说说下面的汉字有什么共同的部分,请再写出几个这样的汉字:

① 草、花:都有_____,这样的汉字还有(　　)(　　)(　　)(　　)

②看、睁；都有＿＿＿＿，这样的汉字还有（　）（　）（　）（　）

【部件（笔画）组字】

用下列部件（笔画）组成汉字（越多越好）：

日　十　口　一　｜

【写出含有下列部件的汉字】

① 口：(吵)(　)(　)(　)(　)(　)

② 工：(功)(　)(　)(　)(　)(　)

③ 甬：(通)(　)(　)(　)(　)(　)

④ 木：(极)(　)(　)(　)(　)(　)

⑤ 头：(续)(　)(　)(　)(　)(　)

（4）应用训练

【选词填空】

① 学校餐＿＿＿的饭菜很便宜。

　　a. 反　　b. 斤　　c. 厅　　d. 厌

② 我最喜欢吃＿＿＿子。

　　a. 较　　b. 郊　　c. 饺　　d. 交

【根据句子写汉字】

① 祝你生日快（　　）。

② 姐姐对音乐感兴（　　）。

③ 中午没有时间，我只好吃方（　　）面。

④ 母亲发（　　）两个孩子的性格有很多相同的地方。

【改错练习】

① 周末我跟朋友贝面聊天。

② 银行在哪儿？我要挽人民巾。

4. 有关汉字的游戏

汉字学习比较枯燥，可以运用一些汉字游戏来调动学生的积极性，增强识字的趣味性和实效性。

下面介绍几种汉字游戏：

【指认汉字】

老师拿出三到五张字卡，让学生指认其中一个字。谁先指认到那个字，谁就把字卡拿走，最后手中字卡多者为胜，这个游戏也可以让学生轮流当老师进行。

【摸认汉字】

在口袋或盒子里放上若干字卡，学生轮流摸出一张字卡，念对了，把字卡拿走；念错了，把字卡放回。谁手中的字卡多，谁就是胜者。

【谁不在】

用幻灯片显示几个汉字，让学生看几秒钟后闭上眼睛，然后移走一个汉字，把剩下的汉字重新排列。然后让学生睁开眼睛，说出哪个字不在了，先说出来者为胜。这个游戏可逐渐变难，展示更多汉字，也可一次移走两三个汉字。

【字谜】

① 天没有，地有；

　河没有，池有；

　你没有，他有。（打一字）

② 一口咬掉牛尾巴。（打一字）

③ 走在上面，坐在下面。（打一字）

游戏活动可以活跃课堂气氛，调动学生的多种感官功能，加深对汉字的印象。可用于汉字的展示、解释和复习应用各个阶段。

附录 1

汉字基本笔画名称表

笔画	名称	例字	笔画	名称	例字
丶	点	广	⁻	横钩	写
一	横	王	⁊	横折钩	月
丨	竖	巾	乙	横折弯钩	九
丿	撇	白	⁊	横撇弯钩	那
丶	捺	八	⁊	横折折折钩	奶
✓	提	打	㇠	竖折折钩	与
︿	撇点	巡	㇄	竖弯	四
㇈	竖提	农	⁊	横折弯	沿
⁊	横折提	论	⁊	横折	口
亅	弯钩	承	㇄	竖折	山
亅	竖钩	小	㇔	撇折	云
㇈	竖弯钩	屯	⁊	横撇	水
㇂	斜钩	浅	⁊	横折折撇	建
㇟	卧钩	心	㇄	竖折撇	专

附录 2
常用汉字偏旁汇总[①]

偏旁	名称	例字
冫	两点水儿（liǎngdiǎnshuǐr）	次 冷 准
冖	秃宝盖儿（tūbǎogàir）	写 军 冠
讠	言字旁儿（yánzìpángr）	计 论 识
厂	偏厂儿（piānchǎngr）	厅 历 厚
匚	三匡栏儿（sānkuānglánr）	区 匠 匣
刂	立刀旁儿（lìdāopángr）	列 别 剑
冂	同字匡儿（tóngzìkuāngr）	冈 网 周
亻	单人旁儿（dānrénpángr）	仁 位 你
勹	包字头儿（bāozìtóur）	勺 勾 旬
厶	私字儿（sīzìr）	允 去 矣
廴	建之旁儿（jiànzhīpángr）	廷 延 建
卩	单耳旁儿（dān'ěrpángr）	印 却
阝	双耳旁儿（shuāng'ěrpángr） 双耳刀儿（shuāng'ěrdāor） 左耳刀儿（zuǒ'ěrdāor）（在左） 右耳刀儿（yòu'ěrdāor）（在右）	防 阻 院 邦 那 郊
氵	三点水儿（sāndiǎnshuǐr）	江 汪 活
丬（爿）	将字旁儿（jiàngzìpángr）	壮 状 将
忄	竖心旁儿（shùxīnpángr）	性 情 怀
宀	宝盖儿（bǎogàir）	宇 定 宾
广	广字旁儿（guǎngzìpángr）	庄 店 席
辶	走之儿（zǒuzhīr）	过 还 送
扌	提土旁儿（títǔpángr）	地 场 城

---

① 引自 http://blog.sina.com.cn/s/blog_4a76e53101008rtw.html ～type=v5_one&label=rela_next articke，2010.1.12.

续表

偏 旁	名 称	例 字
艹	草字头儿（cǎozìtóur） 草头儿（cǎotóur）	艾 花 英
廾	弄字底儿（nòngzìdǐr）	开 弄 异
尢	尤字旁儿（yóuzìpángr）	尤 龙 尬
扌	提手旁儿（tíshǒupángr）	扛 担 摘
囗	方匡儿（fāngkuāngr）	因 国 图
彳	双人旁儿（shuāngrénpángr） 双立人儿（shuānglìrénr）	行 征 徒
彡	三撇儿（sānpiěr）	形 参 须
夂	折文儿（zhéwénr）	冬 处 夏
犭	反犬旁儿（fǎnquǎnpángr） 犬犹儿（quǎnyóur）	狂 独 狠
饣	食字旁儿（shízìpángr）	饮 饲 饰
孑	子字旁儿（zǐzìpángr）	孔 孙 孩
纟	绞丝旁儿（jiǎosīpángr） 乱绞丝儿（luànjiǎosīr）	红 约 纯
巛	三拐儿（sānguǎir）	甾 邕 巢
灬	四点儿（sìdiǎnr）	杰 点 热
火	火字旁儿（huǒzìpángr）	灯 灿 烛
礻	示字旁儿（shìzìpángr） 示补儿（shìbǔr）	礼 社 祖
王	王字旁儿（wángzìpángr） 斜玉旁儿（xiéyùpángr）	玩 珍 班
木	木字旁儿（mùzìpángr）	朴 杜 栋
牛	牛字旁儿（niúzìpángr）	牡 物 牲
攵	反文旁儿（fǎnwénpángr） 反文儿（fǎnwénr）	收 政 教
疒	病字旁儿（bìngzìpángr） 病旁儿（bìngpángr）	症 疼 痕

续表

偏 旁	名 称	例 字
衤	衣字旁儿（yīzìpángr） 衣补儿（yībǔr）	初 袖 被
龹	春字头儿（chūnzìtóur）	奉 奏 秦
罒	四字头儿（sìzìtóur）	罗 罢 罪
皿	皿字底儿（mǐnzìdǐr） 皿墩儿（mǐndūnr）	盂 益 盔
钅	金字旁儿（jīnzìpángr）	钢 钦 铃
禾	禾木旁儿（hémùpángr）	和 秋 种
癶	登字头儿（dēngzìtóur）	癸 登 凳
米	米字旁儿（mǐzìpángr）	粉 料 粮
虍	虎字头儿（hǔzìtóur）	虏 虑 虚
𥫗	竹字头儿（zhúzìtóur）	笑 笔 笛
𧾷	足字旁儿（zúzìpángr）	跃 距 蹄

附录 3
韩国基础汉字 1,800 字（한국 기초한자 1,800 자）

음（音）	중학교용（初中）900 자	고교용（高中）900 자
가	家 佳 街 可 歌 加 價 假	架 暇
각	各 角 脚	閣 却 覺 刻
간	干 間 看	刊 肝 幹 簡 姦 懇
갈	渴	
감	甘 減 感 敢	監 鑑
갑	甲	
강	江 降 講 强	康 剛 鋼 綱
개	改 皆 個 開	介 慨 概 蓋
객	客	
갱	更	
거	去 巨 居 車 擧	距 拒 據
건	建 乾	件 健
걸		傑
검		儉 劍 檢
겁		
게		憩
격		格 擊 激
견	犬 見 堅	肩 絹 遣
결	決 結 潔	缺
겸		兼 謙
경	京 景 輕 經 庚 耕 敬 驚 慶 競	竟 境 鏡 頃 傾 硬 警 徑 卿
계	癸 季 界 計 溪 鷄	系 係 戒 械 繼 契 桂 啓 階
고	古 故 固 苦 考 高 告	枯 姑 庫 孤 鼓 稿 顧

续表

음(音)	중학교용(初中) 900자	고교용(高中) 900자
곡	谷 曲 穀	哭
곤	困 坤	
골	骨	
공	工 功 空 共 公	孔 供 恭 攻 恐 貢
과	果 課 科 過	戈 瓜 誇 寡
곽		郭
관	官 觀 關	館 管 貫 慣 冠 寬
광	光 廣	鑛
괘		掛
괴		塊 愧 怪 壞
교	交 校 橋 敎	郊 較 巧 矯
구	九 口 求 救 究 久 句 舊	具 俱 區 驅 鷗 苟 拘 丘 懼 龜 構 球 狗
국	國	菊 局
군	君 郡 軍	群
굴		屈
궁	弓	宮 窮
권	卷 權 勸	券 拳
궐		厥
궤		
귀	貴 歸	鬼
규		叫 規 閨
균	均	菌
극	極	克 劇
근	近 勤 根	斤 僅 謹
금	金 今 禁	錦 禽 琴
급	及 給 急	級
긍		肯

续表

음(音)	중학교용(初中) 900자	고교용(高中) 900자
기	己 記 起 其 期 基 氣 技 幾 旣	紀 忌 旗 欺 奇 騎 寄 豈 棄 祈 企 畿 飢 器 機
긴		緊
길	吉	
나		那
낙		諾
난	暖 難	
남	南 男	
납		納
낭		娘
내	內 乃	奈 耐
녀	女	
년	年	
념	念	
녕		寧
노	怒	奴 努
농	農	濃
뇌		腦 惱
눌		
능	能	
니		泥
닉		
다	多	茶
단	丹 但 單 短 端	旦 段 壇 檀 斷 團
달	達	
담	談	淡 潭 擔
답	答	畓 踏
당	堂 當	唐 糖 黨

续表

음（音）	중학교용（初中）900자	고교용（高中）900자
대	大 代 待 對	帶 臺 貸 隊
덕	德	
도	刀 到 度 道 島 徒 都 圖	倒 挑 桃 跳 逃 渡 陶 途 稻 導 盜
독	讀 獨	毒 督 篤
돈		豚 敦
돌		突
동	同 洞 童 冬 東 動	銅 桐 凍
두	斗 豆 頭	
둔		鈍
득	得	
등	等 登 燈	
라		羅
락	落 樂	洛 絡
란	卵	亂 蘭 欄 爛
람		覽 藍 濫
랑	浪 郎	朗 廊
래	來	
랭	冷	
략		略 掠
량	良 兩 量 涼	梁 糧 諒
려	旅	麗 慮 勵
력	力 歷	曆
련	連 練	鍊 憐 聯 戀 蓮
렬	列 烈	裂 劣
렴		廉
렵		
령	令 領	嶺 零 靈

第四章 汉字教学的技巧与方法

续表

음（音）	중학교용（初中）900자	고교용（高中）900자
례	例 禮	
로	路 露 老 勞	爐
록	綠	祿 錄 鹿
론	論	
롱		弄
뢰		雷 賴
료	料	了
룡		龍
루		屢 樓 累 淚 漏
류	柳 留 流	類
륙	六 陸	
륜	倫	輪
률	律	栗 率
륭		隆
릉		陵
리	里 理 利	梨 李 吏 離 裏 履
린		隣
림	林	臨
립	立	
마	馬	麻 磨
막	莫	幕 漠
만	萬 晚 滿	慢 漫 蠻
말	末	
망	亡 忙 忘 望	茫 妄 罔
매	每 買 賣 妹	梅 埋 媒
맥	麥	脈
맹		孟 猛 盟 盲
면	免 勉 面 眠	綿
멸		滅
명	名 命 明 鳴	銘 冥
모	母 毛 暮	某 謀 模 矛 貌 募 慕
목	木 目	牧 沐 睦

175

续表

음(音)	중학교용（初中）900자	고교용（高中）900자
몰		沒
몽		夢蒙
묘	卯妙	苗廟墓
무	戊茂武務無舞	貿霧
묵	墨	默
문	門問聞文	
물	勿物	
미	米未味美尾	迷微眉
민	民	敏憫
밀	密	蜜
박		泊拍迫朴博薄
반	反飯半	般盤班返叛
발	發	拔髮
방	方房防放訪	芳傍妨倣邦
배	拜杯	倍培配排輩背
백	白百	伯栢
번	番	煩繁飜
벌	伐	罰
범	凡	犯範汎
법	法	
벽		壁碧
변	變	辯辨邊
별	別	
병	丙病兵	竝屛
보	保步報	普譜補寶
복	福伏服復	腹複卜
본	本	
봉	奉逢	峯蜂封鳳
부	夫扶父富部 婦否浮	付符附府腐 負副簿膚赴賦
북	北	
분	分	紛粉奔墳憤奮

续表

음(音)	중학교용（初中）900자	고교용（高中）900자
불	不 佛	弗 拂
붕	朋	崩
비	比 非 悲 飛 鼻 備	批 卑 婢 碑 妃 肥 祕 費
빈	貧	賓 頻
빙	氷	聘
사	四 巳 士 仕 寺 使 史 舍 射 謝 師 死 私 絲 思 事	司 詞 蛇 捨 邪 賜 斜 詐 社 沙 似 查 寫 辭 斯 祀
삭		削 朔
산	山 産 散 算	酸
살	殺	
삼	三	森
삽		
상	上 尙 常 賞 商 相 霜 想 傷 喪	嘗 裳 詳 祥 床 象 像 桑 狀 償
쌍		雙
새		塞
색	色	索
생	生	
서	西 序 書 暑	敍 徐 庶 恕 署 緖
석	石 夕 昔 惜 席	析 釋
선	先 仙 線 鮮 善 船 選	宣 旋 禪
설	雪 說 設	舌
섬		
섭		涉
성	姓 性 成 城 誠 盛 省 星 聖 聲	
세	世 洗 稅 細 勢 歲	
소	小 少 所 消 素 笑	召 昭 蘇 騷 燒 訴 掃 疏 蔬
속	俗 速 續	束 粟 屬

续表

음（音）	중학교용（初中）900자	고교용（高中）900자
손	孫	損
송	松送	頌訟誦
쇄		刷鎖
쇠		衰
수	水手受授首守 收誰須雖愁樹 壽數修秀	囚需帥殊隨 輸獸睡遂
숙	叔淑宿	孰熟肅
순	順純	旬殉盾循脣 瞬巡
술	戌	述術
숭	崇	
습	習拾	濕襲
승	乘承勝	升昇僧
시	市示是時詩 視施試始	矢侍
씨	氏	
식	食式植識	息飾
신	身申神臣信 辛新	伸晨愼
실	失室實	
심	心甚深	尋審
십	十	
아	兒我	牙芽雅亞阿餓
악	惡	岳
안	安案顔眼	岸雁
알		謁
암	暗巖	
압		壓
앙	仰	央殃
애	愛哀	涯
액		厄額

续表

음(音)	중학교용(初中) 900자	고교용(高中) 900자
야	也 夜 野	耶
약	弱 若 約 藥	
양	羊 洋 養 揚 陽 讓	壤 樣 楊
어	魚 漁 於 語	御
억	億 憶	抑
언	言	焉
엄	嚴	
업	業	
여	余 餘 如 汝 與	予 輿
역	亦 易 逆	譯 驛 役 疫 域
연	然 煙 研 硯	延 燃 燕 沿 鉛 宴 軟 演 緣
열	熱 悅	
염	炎	染 鹽
엽	葉	
영	永 英 迎 榮	泳 詠 營 影 映
예	藝	豫 譽 銳
오	五 吾 悟 午 誤 烏	汚 嗚 娛 梧 傲
옥	玉 屋	獄
온	溫	
옹		翁
와	瓦 臥	
완	完	緩
왈	曰	
왕	王 往	
왜		
외	外	畏
요	要	腰 搖 遙 謠
욕	欲 浴	慾 辱
용	用 勇 容	庸
우	于 宇 右 牛 友	雨 憂 又 尤 遇 羽 郵 愚 偶 優

续表

음（音）	중학교용（初中）900자	고교용（高中）900자
운	云 雲 運	韻
울		
웅	雄	
원	元 原 願 遠 園 怨 圓	員 源 援 院
월	月	越
위	位 危 爲 偉 威	胃 謂 圍 緯 衛 違 委 慰 僞
유	由 油 酉 有 猶 唯 遊 柔 遺 幼	幽 惟 維 乳 儒 裕 誘 愈 悠
육	肉 育	
윤		閏 潤
융		
은	恩 銀	隱
을	乙	
음	音 吟 飮 陰	淫
읍	邑 泣	
응	應	
의	衣 依 義 議 矣 醫 意	宜 儀 疑
이	二 貳 以 已 耳 而 異 移	夷
익	益	翼
인	人 引 仁 因 忍 認 寅 印	刃 姻
일	一 日 壹	逸
임	壬	任 賃
입	入	
잉		
자	子 字 自 者 姊 慈	兹 雌 紫 資 姿 恣 刺
작	作 昨	酌 爵
잔		殘

续表

음(音)	중학교용（初中）900자	고교용（高中）900자
잠		潛蠶暫
잡		雜
장	長章場將壯	丈張帳莊裝獎墻葬粧掌藏臟障腸
재	才材財在栽再哉	災裁載
쟁	爭	
저	著貯低	底抵
적	的赤適敵	笛滴摘寂籍賊跡蹟積績
전	田全典前展戰電錢傳	專轉
절	節絶	切折
점	店	占點漸
접	接	蝶
정	丁頂停井正政定貞精情靜淨庭	亭訂廷程征整
제	弟第祭帝題除諸製	提堤制際齊濟
조	兆早造鳥調朝助祖	弔燥操照條潮租組
족	足族	
존	存尊	
졸	卒	拙
종	宗種鐘終從	縱
좌	左坐	佐座
죄	罪	
주	主注住朱宙走酒晝	舟周株州洲柱
죽	竹	
준		準俊遵
즙		

第四章　汉字教学的技巧与方法

续表

음(音)	중학교용(初中) 900자	고교용(高中) 900자
중	中 重 衆	仲
즉	卽	
증	曾 增 證	憎 贈 症 蒸
지	只 支 枝 止 之 知 地 指 志 至 紙 持	池 誌 智 遲
직	直	職 織
진	辰 眞 進 盡	振 鎭 陣 陳 珍
질	質	秩 疾 姪
집	集 執	
징		徵 懲
차	且 次 此 借	差
착	着	錯 捉
찬		贊 讚
찰	察	
참	參	慘 慙
창	昌 唱 窓	倉 創 蒼 滄 暢
채	菜 採	彩 債
책	責 冊	策
처	妻 處	悽
척	尺	斥 拓 戚
천	千 天 川 泉 淺	賤 踐 遷 薦
철	鐵	哲 徹
첨		尖 添
첩		妾
청	靑 淸 晴 請 聽	廳
체	體	替
초	初 草 招	肖 超 抄 礎
촉		促 燭 觸
촌	寸 村	
총		銃 總 聰
최	最	催
추	秋 追 推	抽 醜

续表

음(音)	중학교용(初中)900자	고교용(高中)900자
축	丑祝	畜蓄築逐縮
춘	春	
출	出	
충	充忠蟲	衝
취	取吹就	臭醉趣
측		側測
층		層
치	治致齒	值置恥稚
칙	則	
친	親	
칠	七	漆
침	針	侵浸寢沈枕
칭		稱
쾌	快	
타	他打	妥墮
탁		濁托濯琢
탄		炭歎彈
탈	脫	奪
탐	探	貪
탑		塔
탕		湯
태	太泰	怠殆態
택	宅	澤擇
토	土	吐兔討
통	通統	痛
퇴	退	
투	投	透鬪
특	特	
파	破波	派播罷頗
판	判	板販版
팔	八	
패	貝敗	

续表

음（音）	중학교용（初中）900자	고교용（高中）900자
편	片便篇	編遍
폄		
평	平	評
폐	閉	肺廢弊蔽幣
포	布抱	包胞飽浦捕
폭	暴	爆幅
표	表	票標漂
품	品	
풍	風楓豐	
피	皮彼	疲被避
필	必匹筆	畢
핍		
하	下夏賀何河	荷
학	學	鶴
한	閑寒恨限韓漢	旱汗
할		割
함		咸含陷
합	合	
항	恒	巷港項抗航
해	害海亥解	奚該
핵		核
행	行幸	
향	向香鄉	響享
허	虛許	
헌		軒憲獻
험		險驗
혁		革
현	現賢	玄弦絃縣懸顯
혈	血	穴
혐		
협	協	脅
형	兄刑形	亨螢

续表

음（音）	중학교용（初中）900자	고교용（高中）900자
혜	惠	慧 兮
호	戶 乎 呼 好 虎 號 湖	互 胡 浩 毫 豪 護
혹	或	惑
혼	婚 混	昏 魂
홀		忽
홍	紅	洪 弘 鴻
화	火 化 花 貨 和 話 畫 華	禾 禍
확		確 穫 擴
환	歡 患	丸 換 環 還
활	活	
황	黃 皇	況 荒
회	回 會	灰 悔 懷
획		獲 劃
횡		橫
효	孝 效	曉
후	後 厚	侯 候 喉
훈	訓	
훼		毀
휘		揮 輝
휴	休	携
휼		
흉	凶 胸	
흑	黑	
흔		
흘		
흡		吸
흥	興	
희	希 喜	稀 戲 噫 熙

参考文献

[1] 卞觉非. 1999. 汉字教学：教什么？怎么教？[J]. 语言文字应用（1）.

[2] 曹秀玲. 2008. 东北亚汉语教学的历史与现状综观[J]. 世界汉语教学（3）.

[3] 陈荣岚. 2008. 略论对外汉字教学的原则与方法[A]."汉语与汉字关系"国际学术研讨会论文集[C].

[4] 金基石. 2010. 中韩语言对比的理论与实践，http://wenku.baidu.com/view/95fc 6681e53a580216fcfee7.html. 2010.5.26.

[5] 金秀贞. 2000. 关于韩国学习者掌握汉字情况的分析[D]. 北京语言大学硕士学位论文.

[6] 刘社会. 2002. 对外汉字教学十八法[A]. 汉语口语与书面语教学——2002年国际汉语教学学术研讨会论文集[C].

[7] 刘晓艳　陈淑梅. 2009. 汉字构形学说与韩国留学生汉字字形偏误[J]. 牡丹江教育学院学报（2）.

[8] 吕必松. 2007. 汉语和汉语作为第二语言教学[M]. 北京：北京大学出版社.

[9] 潘先军. 2004. 汉字基础在韩国留学生汉语学习中的负迁移[J]. 辽宁教育行政学院学报（3）.

[10] 朴兴洙. 2006. 韩国汉字识字教学现况[A]. 第二届识字教育国际研讨会论文集[C].

[11] 朴点玉. 1999. 韩国和中国现行汉字比较[D]. 中国社会科学院研究生院硕士学位论文.

[12] 全香兰. 2003. 针对韩国人的汉语教学——"文字代沟"对对外汉语教学的启示[J]. 汉语学习（3）.

[13] 施正宇. 1999. 外国留学生形符书写偏误[J]. 北京大学学报（4）.

[14] 肖奚强. 2002. 外国学生汉字偏误分析[J]. 世界汉语教学（2）.

[15] 徐黄荣. 2010. 汉字部件在对外汉字教学中的地位和作用. http://www.qiji.cn/eprint/abs/3699.html.2010.1.12.

[16] 赵允敬. 2009. 韩国的汉字和汉字教学探究[J]. 复旦外国语言文学论丛（春季号）.

[17] 周健. 1998. 留学生汉字教学的新思路[J]. 暨南学报（哲学社会科学）（2）.

附录　韩国教育部第七次教学课程高中汉语教学大纲（修正版 2007）

——交际功能项目及例句

交际功能项目	交际功能表达例句
打招呼	你好！
	好久不见。
	你身体好吗？
	最近怎么样？
	新年快乐！
介绍	我来介绍一下。
	这位是张老师。
	我家有四口人。
	我是OO高中二年级的学生。
	我爸爸在OO公司工作。
结束交谈	好，就这样吧。
	明天再说吧。
告别	行，明天你给我打电话。
	再见！
	明天见！
	以后再联系。
	慢走。
	时间不早了，我得走了。
	祝你一路平安。

续表

交际功能项目	交际功能表达例句
姓名	我叫OOO。
	您贵姓？
	我姓O，叫OO。
年纪	你多大了？
	他今年多大年纪了？
	你弟弟几岁？
出生年月日	你是哪年生的？
	你的生日是几月几号？
联络处所	你的电话号码是多少？
	请告诉我你的邮件地址。
国籍	你是哪国人？
	我是韩国人。
职业	你做什么工作？
	我妈妈是老师。
邀请	我想请你吃晚饭。
	星期日到我家来玩儿吧。
爱好	你喜欢做什么？
	你有什么爱好？
健康	你哪儿不舒服？
	我感冒了。
	头有点儿疼。
	好些了吗？
	吃药了吗？
	去医院看看吧。
感谢	谢谢！
	非常感谢您帮助我。
	不知道怎么感谢您才好。

续表

交际功能项目	交际功能表达例句
道歉	对不起，我来晚了。
	真不好意思，我明天有事。
	请原谅，我不知道。
	给您添麻烦了。
喜怒哀乐	太好了！
	今天我很高兴。
	真讨厌！
	妈妈非常生气。
害怕	大家都害怕。
	别怕！
	有什么可怕的？
满意	不错。
	还行。
	我很满意。
	好得不能再好了。
希望	我要去北京。
	父母希望我当老师。
	我想当医生。
赞成/反对	我完全同意你的意见。
	我们反对你这样做。
	可不是嘛！
	谁说不是呢！
	我不这样想。
祝贺	祝你生日快乐！
	恭喜恭喜！
表扬	你汉语说得真好！
	那个孩子真聪明。
	他是个好学生。

续表

交际功能项目	交际功能表达例句
鼓励	加油！
	下次一定能成功，继续努力！
商量	咱们商量商量，好不好？
	去中国旅游，怎么样？
	你看买什么好？
	咱们一起去看电影，好吗？
	我用一下电话，行吗？
批评	你怎么不听话呢。
	你怎么才来？
	你为什么不打电话？
	你不应该这样。
接受/拒绝	行！到时候告诉我一声。
	我们研究研究再说吧。
	怎么办呢？我也没有钱。
	不好意思，我没有时间。
义务	学生应该努力学习。
	大家都要负责。
外貌	她长得很漂亮。
	她眼睛很大。
	他真帅！
性格	他的性格很好。
	我朋友性格有点急。
	她很热情。
事物	这是什么？
	一共十个
事实	这种香蕉又便宜又好吃。
	现在三点半。
	参观的人越来越多。
	教室里有很多人。
	我知道你不喜欢他。

续表

交际功能项目	交际功能表达例句
转言	他刚才来电话说,晚上来看你。
	她让你给她回个电话。
	听说他要去英国。
假设	他要是不告诉你呢?
	你去,我就去。
经验	你去过北京吗?
	我没学过韩语。
比较	这个跟那个一样大。
	哪个更好?
	姐姐比我大一岁。
	她没有我高。
选择	去,还是不去呢?
	问老李或者小张都可以。
	不是三个,就是四个。
	还是买这个吧。
能力	你能翻译这句话吗?
	我会开车。
推测	他会来的。
	看样子,要下雨。
	你猜,这是谁的?
肯定	他一定能解决这个问题。
	放心,他肯定来。
理由	你为什么不来上课?
	你怎么没来呢?
	因为坐错了车,所以我来晚了。
命令	起来!
	站住!

续表

交际功能项目	交际功能表达例句
警告	请注意,马上就要开车了。
	不要迟到。
	小心,别跑!
许可/禁止	今天你可以回家休息。
	请不要大声说话。
请求	请再说一遍!
	请把门关好。
	麻烦您,帮我一下。
劝告	多喝点儿水。
	最好明天去。
	我看,这种颜色不错。
	我觉得你不应该迟到。
催促	快点儿!
	请大家赶快上车。
	都九点了,还不起来?
购物	这个多少钱?
	多少钱一个?
	苹果怎么卖?
	有没有大一点儿的?
	这么贵呀?
	便宜点儿吧。
	可以试一下吗?
	合不合适?
	样子不错,可是颜色太深了。
电话	喂!OO高中吗?
	O老师不在。
	请等一下。
	他正在接电话。

续表

交际功能项目	交际功能表达例句
	我就是。
	请找一下小王。
	您是哪一位？
	你打错了。
天气	今天天气怎么样？
	今天有点儿冷。
	现在雨这么大，明天去吧。
	秋天不冷也不热。
	今天阴天，可能要下雨。
一天安排	我每天早上六点起床。
	我昨天九点就睡了。
	你早上几点上学？
	晚上十点才回家。
问路	请问一下，北京站怎么走？
	车站在哪儿？
	一直往前走。
	往右拐。
	十分钟就到了。
交通	你是坐什么车来的？
	要多长时间？
	我们八点以前得出发。
	该下车了。
	去北京大学坐几路车？
	先坐3号地铁，然后换1号。
	在哪儿换车？
学校生活	明天有几节课？
	说话太快，听不懂。
	下周期末考试。

续表

交 际 功 能 项 目	交 际 功 能 表 达 例 句
	她在图书馆借书呢。
	谁教你们汉语?
吃饭	你吃饭了没有?
	我吃好了。
	你喜不喜欢吃泡菜?
	你想吃什么菜?
	味道怎么样?
	点什么菜?
	我爱吃辣的。
	请慢用。
	多吃点儿。
	凉了不好吃,快吃吧。
	来一碗炸酱面。
因特网	他每天都上网聊天儿。
	我和他都喜欢玩电子游戏。
	你给他发电子邮件了吗?
	你的邮件地址是什么?
	我发的邮件收到了吗?
	你常上哪个网站?
	你上网查查。